MANUEL

DE PILOTAGE

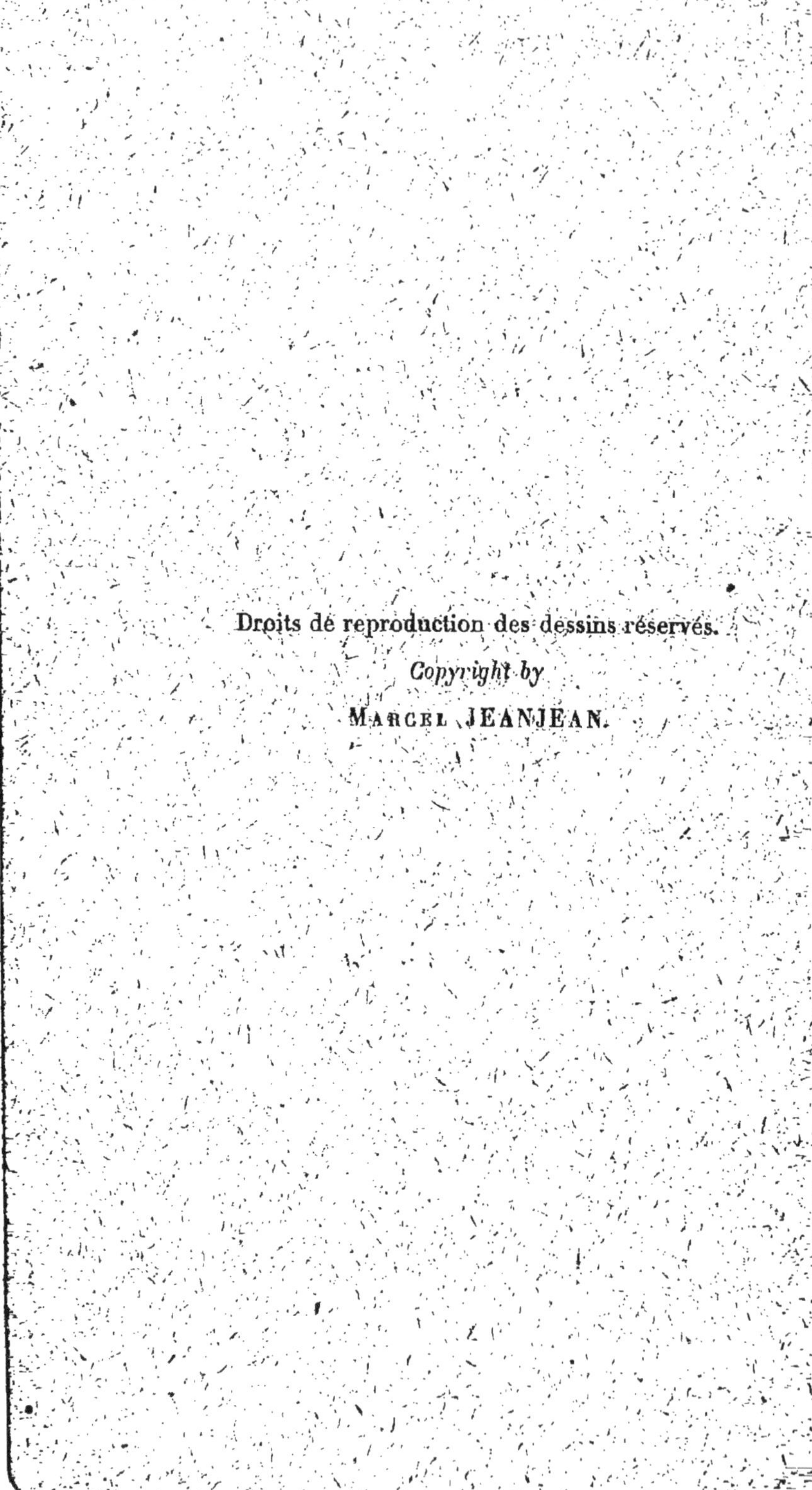

AÉRONAUTIQUES MILITAIRE ET MARITIME

MANUEL DE PILOTAGE

OCTOBRE 1927

PARIS

IMPRIMERIE NATIONALE

1927

MANUEL DE PILOTAGE.

Ce Manuel a été rédigé par une Commission comprenant des représentants :

— de l'École militaire et d'application de l'aéronautique ;

— de l'École pratique de l'aviation d'Istres ;

— des Régiments ;

— de l'Inspection technique de l'aéronautique militaire ;

— de l'Inspection générale de l'aéronautique ;

— du Service technique et industriel de l'aéronautique ;

— du Service de la navigation aérienne ;

— de la Direction de l'aéronautique militaire ;

— du Service central de l'aéronautique maritime.

Il a été illustré par Marcel Jeanjean.

TABLE DES MATIÈRES.

TITRE PREMIER.

PRINCIPES GÉNÉRAUX.

TITRE II.

RÈGLES DU PILOTAGE.

CHAPITRE PREMIER.

Évolutions individuelles.

A. — PRÉPARATIFS DU VOL.

B. — MANŒUVRES ORDINAIRES DU PILOTAGE.

C. — INCIDENTS DU VOL.

CHAPITRE I bis.

Particularités relatives à la conduite des hydravions.

CHAPITRE II.

Évolutions en groupe.

TITRE III.

PROCÉDÉS D'INSTRUCTION.

CHAPITRE PREMIER.

Principes généraux
et méthode générale d'instruction.

CHAPITRE II.

Formation des pilotes militaires
jusqu'au brevet de pilote militaire inclus.

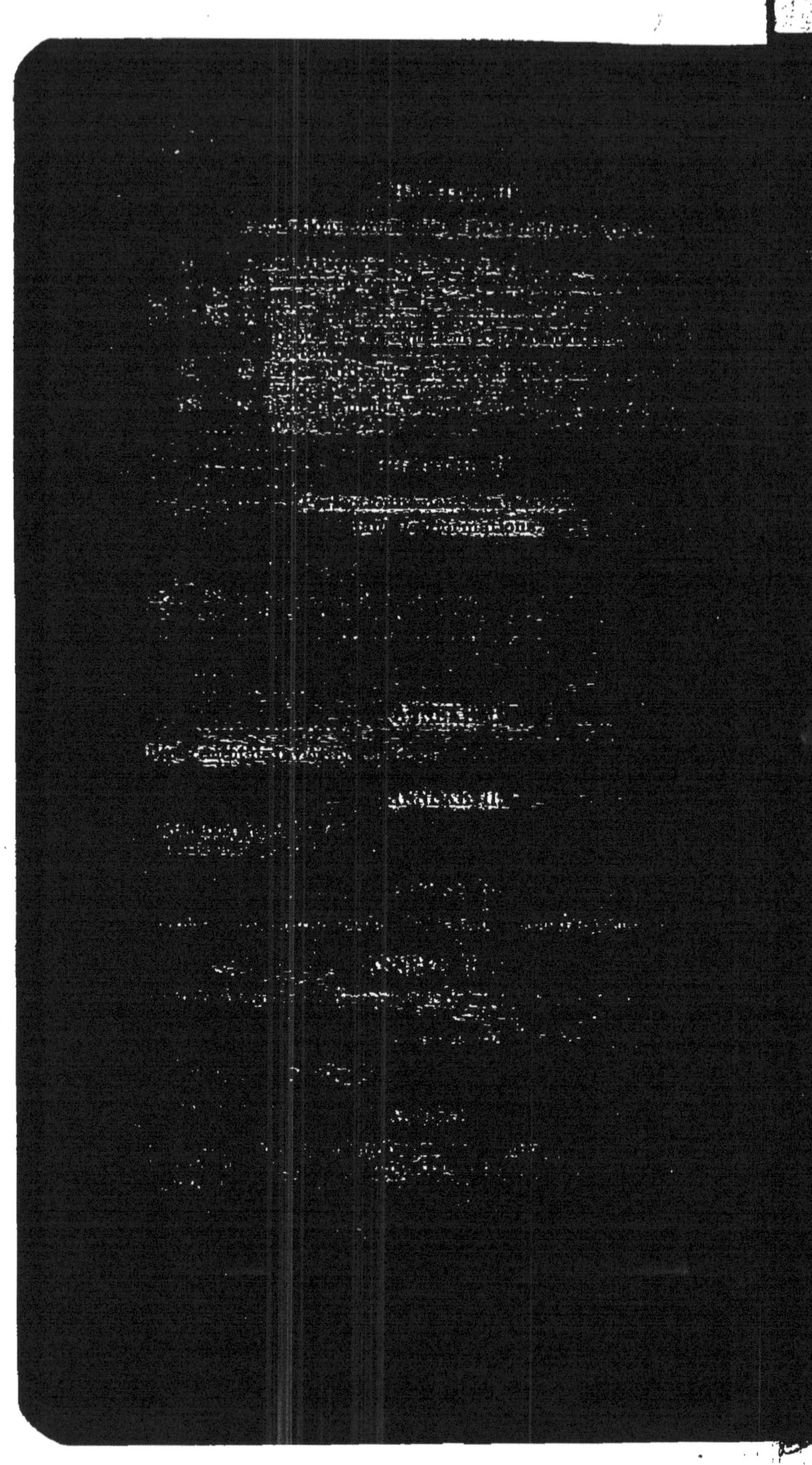

son avion en vol que dans sa conduite au sol — est donc très grande. Il doit s'appliquer à être à la hauteur de sa tâche et tenir à honneur de ne jamais causer une avarie, même légère, à son appareil.

4. Le rôle du pilote n'est pas seulement de conduire son avion. Il doit augmenter sans cesse sa valeur professionnelle et militaire par l'étude, par l'observation, par la réflexion et par l'exercice. Il doit être toujours à même de remplir toute mission dont est capable l'appareil qui lui est confié.

Il doit connaître à fond le fonctionnement de tous les organes de son avion, de son moteur, ainsi que de tous les accessoires et instruments de bord qu'il peut être appelé à employer.

Quand un avion lui est spécialement affecté, il doit suivre de près tous les travaux faits sur l'appareil et rien de ce qui se fait à bord ne doit lui rester étranger.

Tout pilote doit savoir aussi la répartition exacte par compartiment des poids mobiles qui constituent la charge utile de son avion. Aucun de ces poids ne peut être déplacé ou ajouté, ou enlevé, sans qu'il le sache ou qu'il ait provoqué des ordres pour opérer ce changement.

Enfin, pour obtenir de son appareil le rendement maximum, le pilote doit en connaître de façon précise les qualités et les particularités (vitesse de croisière et vitesse maxima, consommation et rayon d'action, charge utile, vitesse ascensionnelle, longueur de décollage, etc.).

Rôle du commandant d'un avion
ou de plusieurs avions évoluant en groupe.

5. Pour qu'une mission aérienne soit exécutée convenablement, elle doit être conduite par un chef possédant l'autorité indispensable. Il importe, par suite, que les règles de commandement soient nettement précisées.

6. Un avion isolé est commandé par *le membre de l'équipage le plus ancien dans le grade le plus élevé*, à moins qu'une lettre de service spéciale ne désigne le commandant de l'avion.

7. *Le commandant de l'avion* est responsable de la *route* et de *l'emploi militaire de l'avion*. Le pilote est responsable de la *tenue de l'avion en vol* et de *l'exécution des manœuvres*.

Si le pilote juge impossible ou très dangereuse l'exécution d'un ordre du commandant de l'avion, il devra le lui faire savoir.

Le commandant de l'avion ne maintiendra son ordre que s'il a pour cela les motifs les plus graves, et le pilote devra l'exécuter ; mais toute manœuvre ayant donné lieu à discussion fera l'objet d'un rapport spécial mentionnant l'incident, les motifs de l'ordre et ceux des objections du pilote.

8. Avant toute mission, l'équipage est rassemblé et reçoit du commandant de l'avion les précisions utiles concernant l'ordre de mission.

Une confiance mutuelle absolue doit exister entre les membres de l'équipage d'un avion; le travail commun qui leur incombe exige une collaboration étroite et une entente parfaite.

9. Un groupe d'avions est commandé par celui des commandants des avions du groupe qui est le plus ancien dans le grade le plus élevé à moins qu'une lettre de service spéciale ne désigne le commandant du groupe.

Action des chefs ayant sous leurs ordres

des formations d'aviation.

10. L'action du commandement à tous les échelons doit s'exercer sans cesse pour que les pilotes *reçoivent l'instruction nécessaire,* qu'ils *maintiennent leur entraînement et se perfectionnent dans la pratique du vol.*

10 *bis.* Afin de pouvoir conduire d'une façon logique leur entraînement aérien et de ne leur confier que des missions correspondantes à leur aptitude, il importe que le commandement soit documenté d'une façon très précise sur le *degré d'entraînement et la valeur comme pilote* des officiers et hommes de troupe placés directement sous ses ordres.

En conséquence, dans chaque escadrille ou unité assimilée (section d'entraînement, division ou section de vol dans les écoles), un *registre de pilotage* est tenu directement par le commandant de l'unité qui y note fréquemment et d'une façon détaillée la valeur, au point de vue pilotage, du personnel placé sous ses ordres ; il y fait ressortir la nature des missions que ce personnel est apte à remplir, en tenant compte de son habileté, de son degré d'entraînement, de sa résistance physique, etc.

Ce registre doit permettre en particulier à un nouveau commandant d'unité d'avoir au moment de sa prise de commandement une appréciation écrite, précise, de ce que valent les pilotes et de savoir ainsi et les services aériens qu'ils sont en mesure d'accomplir et les manœuvres pour l'exécution desquelles ils ont à s'instruire ou à se perfectionner.

D'autre part, lorsqu'un pilote change d'unité, une copie des notes le concernant et contenues dans le registre de pilotage est adressée à sa nouvelle unité.

11. Les pilotes sont formés normalement dans les écoles pratiques d'aviation suivant les méthodes indiquées au titre III du présent Manuel.

12. Dans les formations, le commandement exerce son action d'après les principes suivants :

Le commandant d'une unité (escadrille et unités supérieures, section et division d'entraînement) *est son instructeur permanent et responsable.*

Il cherche par tous les moyens à développer les qualités morales qui doivent caractériser tous les pilotes et sans lesquelles la meilleure instruction ne donnerait que des résultats incomplets. La première de ces qualités est la *confiance que tout pilote doit avoir dans ses moyens et dans son matériel;* c'est cette confiance qui lui permettra d'exécuter, sans la moindre hésitation, toutes les missions qui lui seront confiées à la guerre, et qui lui donnera, dans toutes les circonstances de combat aérien, l'ascendant moral sur son adversaire.

13. *La santé du personnel navigant* est l'objet d'une attention spéciale de la part des commandants d'unités. Un chef ne doit pas hésiter, chaque fois qu'il constate une défaillance physique ou morale chez un de ses pilotes, à arrêter son entraînement et à l'envoyer, s'il y a lieu, à la visite du médecin.

14. L'exécution d'un travail aérien est subordonnée aux *conditions atmosphériques* du moment; en conséquence, celui qui dirige le travail doit se renseigner avec soin avant chaque séance d'instruction, pour savoir si les conditions atmosphériques sont favorables à l'exécution du travail aérien prévu. A cet effet, il fait compléter, s'il y a lieu, les renseignements météorologiques locaux par l'avis de pilotes qualifiés qui, au besoin, effectuent des vols d'essai.

15. C'est surtout par *l'exemple dans l'exécution des services aériens,* qu'un chef aura la plus heureuse influence sur la bonne marche et sur les résultats de l'instruction.

16. *La marche annuelle de l'instruction* est réglée par les commandants de groupe d'après les directives établies par le chef de corps, qui fixent les buts à atteindre au cours de l'année d'instruction.

Il appartient à chaque commandant d'unité élémentaire de fixer, dans son tableau de travail hebdomadaire, le détail de l'instruction en vol de ses pilotes.

17. En ce qui concerne les *pilotes confirmés*, l'instruction qui concerne les évolutions individuelles et les évolutions en groupe est généralement donnée pendant la période d'hiver (d'octobre à fin mars) sur le terrain habituel de la formation. Les exercices d'application commencent à la bonne saison, au moment où les conditions atmosphériques sont le plus favorables.

On devra profiter, au maximum, des journées favorables au travail aérien, en particulier, dans les périodes où le beau temps n'est pas établi.

18. Les pilotes, et en particulier, les jeunes pilotes sortant des écoles de pilotage, qui arrivent dans les formations, doivent, avant de voler en escadrille, effectuer un stage de contrôle à la section d'entraînement. Si leur degré d'instruction, constaté après ce stage, ne leur permet pas de recevoir avec fruit l'instruction en cours de leur unité, ils forment une classe spéciale dont l'instruction est suivie avec la plus grande attention.

De même, les pilotes anciens qui, pour une raison quelconque, auraient perdu leur entraînement, doivent être repris dans la section d'entraînement.

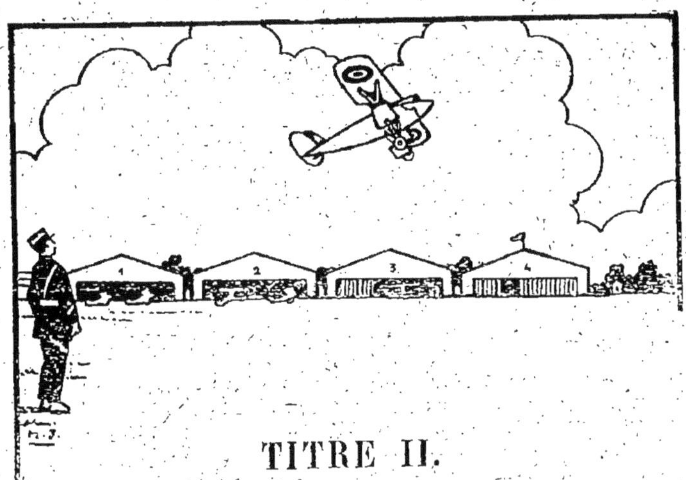

TITRE II.

RÈGLES DU PILOTAGE.

CHAPITRE PREMIER.

ÉVOLUTIONS INDIVIDUELLES.

A. — PRÉPARATIFS DU VOL.

Déplacement de l'avion à bras.

19. Le déplacement de l'avion est exécuté à bras pour sa sortie des hangars et pour sa rentrée, ainsi que pour les petits parcours sur le terrain.

20. Le déplacement de l'avion doit toujours être exécuté par une équipe constituée, placée sous le commandement d'un gradé pilote ou mécanicien qui est responsable de la manœuvre.

21. Le nombre d'hommes et d'apparaux nécessaires pour l'exécution de cette manœuvre est variable suivant le type de l'avion, il dépend aussi de la nature et de l'état du terrain. En principe, la manœuvre sans chariot de queue nécessite un nombre d'hommes double de celui nécessaire pour la manœuvre avec le chariot de queue.

Un règlement de manœuvre spécial à chaque type d'avion est établi en même temps que la notice technique relative à cet avion.

22. Avant de commander le rassemblement de l'équipe destinée à sortir l'avion, le gradé qui la commande devra s'assurer que rien ne gêne la manœuvre qu'il veut faire exécuter : avions, tréteaux, établis, etc. ; que les portes du hangar sont suffisamment ouvertes et que les cales sont déposées près de l'emplacement où sera conduit l'avion. Il indique aux hommes de l'équipe le chemin à suivre, l'endroit où l'avion doit être conduit et la position qu'il devra occuper. Enfin, il fait placer l'hélice horizontalement.

23. A titre d'exemple, le règlement de manœuvre du Breguet 19 est donné à l'annexe n° 1.

Vérification de l'avion, du groupe motopropulseur
et des instruments de bord.

24. La vérification de l'avion, du groupe moto-propulseur et des instruments de bord fait l'objet des opérations bien distinctes ci-dessous :

a. Vérification générale à effectuer périodiquement ;

b. Vérification succincte avant le vol ;

c. Vérification succincte après le vol.

25. a. *Vérification générale.* — Tout pilote auquel un avion est affecté doit assister à cette vérification qui est faite périodiquement — en principe, *une fois par semaine* — par les gradés mécaniciens et les aides. Cette vérification porte sur tous les organes accessibles de cet avion, du groupe moto-propulseur et des instruments de bord correspondants.

Les détails de cette vérification sont indiqués à l'annexe n° 2.

26. Cette vérification générale d'un appareil fait l'objet de la part du pilote d'un compte rendu écrit au chef d'escadrille sur un cahier *ad hoc* mis en permanence à la disposition des pilotes et qui sert au chef d'escadrille pour se rendre compte de l'état du matériel de son unité, le guider dans ses investigations et lui permettre de donner, le cas échéant, tous ordres utiles au personnel mécanicien chargé, sous son autorité, de la tenue en bon état du matériel.

27. b. *Vérification succincte avant tout envol.* — Immédiatement avant chaque envol, le pilote doit procéder sur l'appareil qu'il est appelé à conduire à une *vérification* succincte dont le détail est donné dans les notices particulières à chaque matériel et qui portera sur les points suivants :

1° État général de la cellule et de l'empennage (tension, freinage et position des haubans, cordes ou câbles) ;

2° État général du train d'atterrissage (roues, extenseurs) ;

3° État général de l'hélice et de son moyeu ;

4° Constatation qu'il n'y a aucun écoulement anormal d'essence, d'huile ou d'eau ;

5° Position des plans fixes et dérives réglables (le cas échéant) ;

6° Existence des instruments de bord et équipements réglementaires ;

7° Vérification des commandes notamment aux points de friction et d'attache.

Il doit s'assurer, par ailleurs, auprès du mécanicien de l'avion que le remplissage des différents réservoirs (essence, huile, eau) a été effectué, que les bouchons de ces réservoirs ont été remis en place et bloqués.

28. c. *Vérification après le vol.* — Dès que le pilote a ramené au hangar son avion, après l'atterrissage, il ne doit pas descendre de son poste, avant de s'être assuré que les contacts sont à la position « coupé » et que les divers robinets sont fermés.

Il vérifie ensuite succinctement :

— l'état général du train d'atterrissage et du fuselage de son avion ;

— l'étanchéité de ses réservoirs et tuyauteries.

29. Il signale sur le registre *ad hoc* dont il est parlé plus haut, les différents incidents survenus, soit au cours des manœuvres au sol, soit au cours du vol, les défectuosités de l'avion, du moteur, etc.

30. Équipement du pilote. — Les vêtements ordinaires que le pilote porte habituellement sous ses effets spéciaux (linge, cravate, chaussures, culotte, bandes molletières, veste, etc.) doivent être ajustés pour ne pas être une cause de gêne dans les mouvements. Des chaussures trop étroites ou des bandes molletières trop serrées peuvent, en particulier, provoquer des troubles graves en vol. Il est interdit d'utiliser des chaussures dont la fixation sur le pied n'est pas sûre, telles que : espadrilles, sandales, sabots, etc.

31. Les effets spéciaux de vol doivent être adaptés à la taille du pilote.

Le casque (ou serre-tête) doit épouser la forme de la tête, sans la serrer, et être bien assujetti par la jugulaire, pour éviter les arrachements par le vent, quand le pilote est obligé de sortir la tête en dehors du pare-brise.

L'écartement des verres de lunettes doit être réglé de telle façon, que le nez ne soit pas trop serré par la pince et que les verres soient en face des yeux. Toutes précautions doivent être prises pour éviter l'arrachement des lunettes par le vent; en particulier, les élastiques de fixation doivent toujours être maintenus en place, soit par le casque, soit par les brides du serre-tête.

Il faut éviter de voler avec des gants neufs non brisés, qui pourraient gêner les doigts dans leurs mouvements d'ouverture et de fermeture. La partie montante des gants, ou le crispin, doit recouvrir complètement les poignets du vêtement de vol, pour empêcher l'air de pénétrer dans la manche.

Les chaussons fourrés ne sont employés qu'avec des chaussures en-dessous. La tige des chaussons doit, autant que possible, recouvrir et serrer le bas de la combinaison de vol ou du pantalon du vêtement spécial.

32. *L'ajustage de l'équipement de parachutiste doit être particulièrement soigné* (1) ; il convient que la ceinture soit ajustée très exactement au corps du pilote de telle sorte qu'elle ne le gêne pas en vol normal, et qu'en cas d'utilisation, l'effort d'ouverture soit bien réparti. Il pourra être exceptionnellement nécessaire, si la conformation de l'utilisateur l'exige, d'ajouter des bretelles à la ceinture pour éviter qu'il ne risque de s'échapper de son harnachement.

33 Montée à bord de l'avion. — Avant de monter à bord d'un avion, débarrasser, s'il y a lieu, ses chaussures des mottes de terre adhérentes qui pourraient, par la suite, si elles tombaient dans l'avion, coincer une commande. Pour monter, se conformer à la méthode indiquée pour chaque type d'avion, en évitant de placer les pieds en dehors des marchepieds prévus. Au moment de franchir le fuselage pour entrer dans l'habitacle, ne pas accrocher ou heurter les organes de l'avion ou les accessoires du moteur, manettes, robinets, contacts, etc.

Il est interdit de fumer à bord d'un avion, et même à proximité de celui-ci.

---

(1) Le port du parachute est obligatoire pour chacun des membres de l'équipage d'un avion et, le cas échéant, des passagers.

Le commandant de l'avion s'assure, avant le départ, que chaque membre de l'équipage et éventuellement, chaque passager, est muni de son équipement de parachutiste. Le Manuel relatif au parachute donne toutes indications relatives à la préparation de l'équipement, son installation sur avion, son entretien et les conditions dans lesquelles il doit être utilisé.

Le pilote jette sa cigarette avant de monter à bord.

34. Installation du pilote à bord de l'avion. — Vérifier et modifier, s'il y a lieu, le réglage du siège en hauteur et en profondeur, ainsi que la distance du palonnier, la distance du levier de commande ou du volant, afin d'être placé dans les meilleures conditions pour piloter sans fatigue.

Vérifier que les commandes de l'avion jouent normalement.

Le coussin doit être fixé solidement au siège, de façon à ne pas glisser, ce qui risquerait de bloquer le levier de commande.

La ceinture de siège ou les bretelles doivent être ajustées à la taille du pilote et solidement fixées à l'avion. Les serrer suffisamment pour ne pas perdre l'assiette dans un remous violent ou dans un exercice de voltige aérienne.

Les pieds doivent pouvoir entrer et sortir facilement des étriers du palonnier.

Mise en marche du moteur.

35. *Mesures générales.* — Les moteurs peuvent être mis en marche :

a. Au moyen des démarreurs de bord, ou de la magnéto de départ ; *c'est le moyen normal de mise en route;*

b. Au moyen des démarreurs d'aérodrome ;

c. Par lancement à la main.

MISE EN MARCHE AU DÉMARREUR DE BORD.
Le chef de manœuvre commande « attention à l'aspiration ».

36. Avant d'effectuer la mise en marche d'un moteur, s'assurer :

1° Que l'avion est face au vent, à moins que les circonstances ne le permettent pas ;

2° Que l'avion est placé de façon qu'une déclivité de terrain ne rende pas le lancement et l'essai au point fixe dangereux, et que le terrain n'est pas glissant aux abords de l'hélice. Il y a lieu, aussi, de débarrasser le terrain tout autour de l'avion, et plus particulièrement, sous l'hélice, des cailloux et des corps étrangers, tels que : fils de fer, boîtes, bois, chiffons, etc., qui pourraient être attirés dans le champ de l'hélice et projetés par celle-ci ;

3° Qu'il n'y a pas d'avions dans le remous de vent créé par l'hélice, sauf impossibilité absolue ;

4° Que le capot du moteur est fermé et solidement fixé par ses câbles ou ses verrous ;

5° Que les roues sont calées et que les cales ne risquent pas de glisser ;

6° Que personne ne se trouve dans le plan de rotation de l'hélice, ni dans son souffle.

37. Ces précautions étant prises, le pilote ou le mécanicien chargé de la mise en route exécute les opérations suivantes :

1° Il ouvre les robinets d'essence et d'huile dont la manœuvre est à sa disposition ;

2° Il s'assure que la manette du correcteur d'altitude est fermée ;

3° Il s'assure que les contacts sont coupés ;

4° Il place ses pieds sur le palonnier et ramène complètement le levier de commande en arrière.

a. Mise en marche au moyen du démarreur de bord ou au moyen de la magnéto de départ.

38. La manœuvre est dirigée de terre par un gradé mécanicien qui se place de façon à voir à la fois tout le personnel participant à son exécution. Lorsqu'il y a impossibilité, c'est le mécanicien placé à l'hélice qui dirige la manœuvre.

Elle comprend deux phases :

1° Préparation du moteur ;

2° Mise en marche du moteur.

39. 1° *Préparation du moteur.* — Si la manœuvre comporte le virage de l'hélice à la main, un mécanicien est placé à l'hélice.

Le chef de manœuvre s'assure que les contacts sont coupés en demandant au pilote : « *coupé ?* ».

Le pilote (1) vérifie alors que les contacts de l'allumage sont bien à la position convenable et répond : « *coupé.* »

Le chef de manœuvre commande alors : « *attention à l'aspiration.* »

Le mécanicien vérifie que les cales sont en place et que ses vêtements ne flottent pas. Il répète « aspiration ». Le chef de manœuvre commande alors : « *coupé, retard* (2), *essence* (3), *gaz en grand.* »

Le pilote vérifie que les contacts de l'allumage sont bien à la position « coupé ». Il manœuvre (s'il y a lieu) la manette de retard à l'allumage, ouvre le robinet d'essence et l'admission des gaz.

Au fur et à mesure, il répond : « *coupé, retard, essence, gaz en grand.* »

Le chef de manœuvre commande « *aspiration* ».

Le mécanicien tourne l'hélice à la main, et le plus rapidement possible, *en prenant soin de se tenir écarté du plan de rotation.* Pour cette manœuvre, il saisit l'hélice avec les deux mains, presque jointes, sur le bord de sortie, aussi

---

(1) Dans toutes les manœuvres du lancement du moteur, le pilote peut être remplacé par un mécanicien qui peut se placer dans l'habitacle.

(2) Quand le moteur comporte une commande d'avance à l'allumage.

(3) S'il s'agit des moteurs rotatifs.

LE DÉMARREUR DE BORD. — Le chef de manœuvre commande «contact».

près que posible, suivant sa taille, de l'extrémité de la pale. Pour les moteurs à forte compression, faire virer l'hélice par deux hommes.

Pendant ce temps, le pilote procède aux injections d'essence à l'aide du dispositif spécial prévu pour chaque type de moteur (à défaut de ce dispositif, le chef de manœuvre fait procéder à ces injections par un aide-mécanicien qui envoie l'essence aux endroits prévus à l'aide d'une seringue).

Lorsque les injections sont terminées, le mécanicien cesse de tourner l'hélice, et met cette dernière à une position qui correspond à la compression d'un cylindre, puis, il se retire des abords de l'hélice.

40. 2° *Mise en marche.* — Le chef de manœuvre, s'étant assuré que personne ne se trouve près de l'hélice, commande « *contact* ».

Le pilote réduit l'admission des gaz, place les contacts de l'allumage à la position : « contact », *répète le commandement* et met le moteur en marche en exécutant les manœuvres prescrites par la notice concernant le type de démarreur de bord utilisé ou en actionnant la magnéto de départ.

Quand le moteur est en marche, le pilote remet l'avance à l'allumage.

41. 3° *En cas d'insuccès.* — Avant toute nouvelle manœuvre, le pilote pousse les contacts à la position « coupé » et crie « *coupé* ». Le chef de manœuvre répète « *coupé* ». A ce moment seulement, le mécanicien chargé de tourner l'hélice s'approche de l'appareil. Le moteur est alors mis en marche, comme il a été prescrit plus haut.

42. 4° Si, la mise en marche effectuée, le chef de manœuvre juge nécessaire de faire arrêter le moteur pour une raison susceptible d'échapper au pilote, le mécanicien l'avertit par le signal « coupé » répété plusieurs fois, s'il y a lieu.

Ce signal s'exécute en joignant les mains au-dessus de la tête et en les ramenant de suite le long du corps par un mouvement circulaire des bras tendus latéralement.

Si le pilote décide, en cas d'insuccès à la mise en marche, de faire examiner le moteur, il vérifie préalablement que les contacts sont à la position « coupé » et annonce « *coupé* ».

b. **Mise en marche**
au moyen du démarreur d'aérodrome.

43. 1° *Préparation du moteur.* — Les prescriptions précédemment énoncées par les manœuvres de mise en route au moyen des démarreurs de bord et relatives à la préparation

MISE EN MARCHE AU DÉMARREUR D'AÉRODROME. — Le démarreur étant mis en place, le chef de manœuvre commande « prêt ».

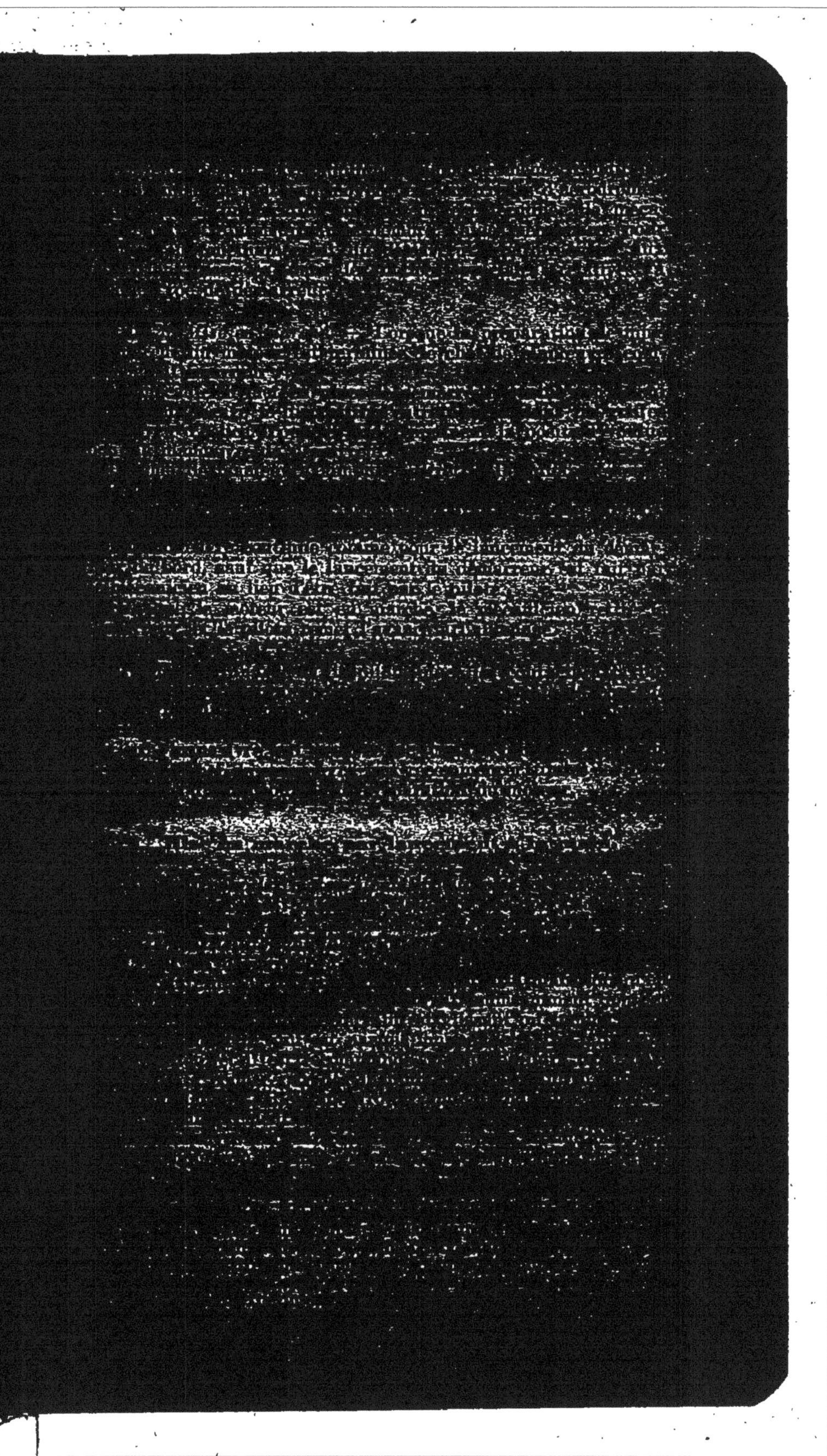

LANCEMENT D'UN ROTATIF À LA MAIN.

47. *Préparation du moteur.* — Les prescriptions précédentes énoncées pour les manœuvres de mise en marche au moyen du démarreur de bord et relatives à la préparation du moteur doivent être appliquées dans les mêmes conditions pour la mise en marche par lancement à la main. Toutefois, lorsque les injections sont terminées, le mécanicien ne se retire pas, mais il demande : *« Réduit, retard, contact ».*

48. *Mise en marche.* — Le chef de manœuvre commande alors : *« Réduit, retard, contact ».*

Le pilote réduit l'admission des gaz, vérifie que la manette d'avance à l'allumage est bien à la position *« Retard »* et met les contacts. Au fur et à mesure, il annonce : *« Réduit, retard, contact ».*

Le mécanicien prend toutes les précautions nécessaires pour ne pas glisser en avant et pour ne pas être blessé en cas d'un retour du moteur. Dans le cas d'un moteur tournant à droite (1), il incline le corps légèrement à gauche, prend appui de la main gauche sur l'extrémité de la pale d'hélice, les doigts allongés sur le plat de la pale, leur extrémité *légèrement* repliée sur le bord de fuite. Il saisit de la main droite le bord de fuite de la pale un peu plus bas, et prenant son élan par un léger balancement du corps, amorce le mouvement de rotation de l'hélice par un effort énergique de tout le corps, de haut en bas, et d'avant en arrière, suivi d'un mouvement de bras rapide.

Le mouvement de l'homme s'achève par un bond en arrière et à droite.

Dès que le moteur est en marche, le pilote met l'avance à l'allumage.

N. B. — Dans le cas d'un moteur tournant à gauche, remplacer ci-dessus les mots *droite* par *gauche*, et inversement.

49. *Le procédé de lancement des hélices communément appelé « à la volée », effectué en courant, est rigoureusement interdit.*

____

(1) C'est-à-dire dans le sens inverse des aiguilles d'une montre pour le mécanicien placé devant l'hélice.

50. Essai du moteur au point fixe. — Le moteur ayant été mis en route, le pilote règle aussitôt son régime à une vitesse intermédiaire entre le régime ralenti et le régime moyen, et agit, s'il y a lieu, sur le dispositif de régulation de la température du moteur. Il laisse ainsi tourner celui-ci jusqu'à ce que les températures indiquées par les thermomètres aient atteint celles fixées par la notice particulière du moteur.

Ces températures étant atteintes, ouvrir, quand il y a lieu, le dispositif de régulation de la température, puis, tirer lentement et très progressivement la manette des gaz, en suivant, sur le compte-tours et au son, l'accélération de la vitesse du moteur. Laisser tourner le moteur une demi-minute environ à grand régime pour s'assurer de son bon fonctionnement, tout en observant les indications des instruments de contrôle de la température, de la circulation d'essence et de la pression d'huile. Réduire ensuite, très progressivement, la vitesse du moteur jusqu'à l'extrême ralenti. A ce moment, s'assurer du bon fonctionnement des magnétos en les essayant successivement. Enfin, faire une ou deux reprises du moteur en ouvrant et en fermant plus rapidement la manette des gaz, *mais toujours de façon très progressive.*

51. Pendant toute la durée de l'essai du moteur, maintenir le levier de commande complètement en arrière et conserver les pieds sur le palonnier dans la position normale. Fermer la manette des gaz dans le cas où l'avion franchirait les cales ou lèverait la queue.

Eviter de laisser tourner trop longtemps le moteur au ralenti pour ne pas encrasser les bougies.

B. — MANŒUVRES ORDINAIRES DU PILOTAGE.

52. Rouler au sol. — Après avoir essayé son moteur au point fixe, le pilote le met à l'extrême ralenti et commande « *Enlevez les cales* », en agitant le bras de droite à gauche.

Dès que les hommes chargés de cette manœuvre ont enlevé les cales, le pilote s'assure que le terrain est complètement libre devant l'avion et se dirige vers son point d'envol en se conformant aux prescriptions suivantes :

Rouler lentement en dépassant à peine l'allure d'un homme au pas. A cet effet, agir avec la main gauche sur la manette des gaz, afin d'assurer à l'avion une vitesse constante. Maintenir le levier de commande en arrière, sans exagération.

Pour virer, exercer une pression sur le palonnier du côté vers lequel l'avion doit être dirigé.

Si cette action n'est pas suffisante pour faire virer

L'AVION ROULE AU SOL.

l'avion, incliner le levier de commande du côté opposé au virage.

Maintenir l'avion dans la direction choisie à l'aide du palonnier. Ne jamais attendre pour redresser, que l'avion soit complètement revenu dans la direction à suivre.

Éviter de virer trop brusquement, afin de ne pas fatiguer la béquille et le fuselage lui-même.

53. En roulant au sol, le pilote s'astreint à respecter strictement les règles de la circulation aérienne (1). Il s'assure, notamment, qu'il ne gêne aucun autre avion prêt à partir ou à atterrir. A cet effet, il se soulève légèrement sur son siège pour voir le terrain en avant, ou parcourt une ligne légèrement brisée, par rapport à la direction à suivre.

54. L'envol. — En arrivant sur la ligne de départ, le pilote place son avion face au vent, vérifie le fonctionnement de ses commandes en les actionnant dans tous les sens, assujettit ses lunettes, puis, s'assure qu'il peut prendre le départ sans gêner un autre avion, et que le terrain est libre pour l'envol.

55. Pour partir, ouvrir progressivement la manette des gaz jusqu'au régime maximum du moteur. En même temps, pousser franchement, mais sans brusquerie, le levier de commande vers l'avant pour amener l'avion le plus tôt possible au voisinage de la position de vol. Au fur et à mesure que la vitesse augmente et que le fuselage se rapproche de cette position, laisser le levier de commande revenir en arrière pour empêcher la queue de se soulever exagérément ; maintenir ensuite l'avion en ligne de vol en agissant s'il y a lieu sur le levier de commande, et le laisser décoller de lui-même. Après le décollage, faire un palier suffisant pour que l'avion puisse prendre toute sa vitesse, avant de monter.

Au moment où l'avion prend sa vitesse, en roulant au sol, il peut arriver qu'il vire d'un côté ou de l'autre, sans que le pilote puisse rien faire pour l'éviter ; l'avion fait alors ce qu'on appelle un *cheval de bois* (2). Dans ce cas, le pilote doit immédiatement fermer la manette des gaz.

56. Montée. — Lorsque l'avion a acquis dans le palier préparatoire à la montée le maximum de vitesse, le levier de profondeur doit être ramené très lentement en arrière jusqu'à ce que l'avion ait atteint l'inclinaison en montée correspondant au régime du moteur et à la charge de l'avion. Maintenir ensuite le levier dans cette dernière position, et laisser monter l'avion.

____

(1) Voir titre II, chapitre V.
(2) Cet incident est souvent causé par l'éclatement d'un pneu ou par un pneu moins gonflé que l'autre.

ENVOL CORRECT

Après le décollage, le pilote fait faire à l'avion un palier suffisant pour qu'il prenne de la vitesse.

ENVOLS INCORRECTS.

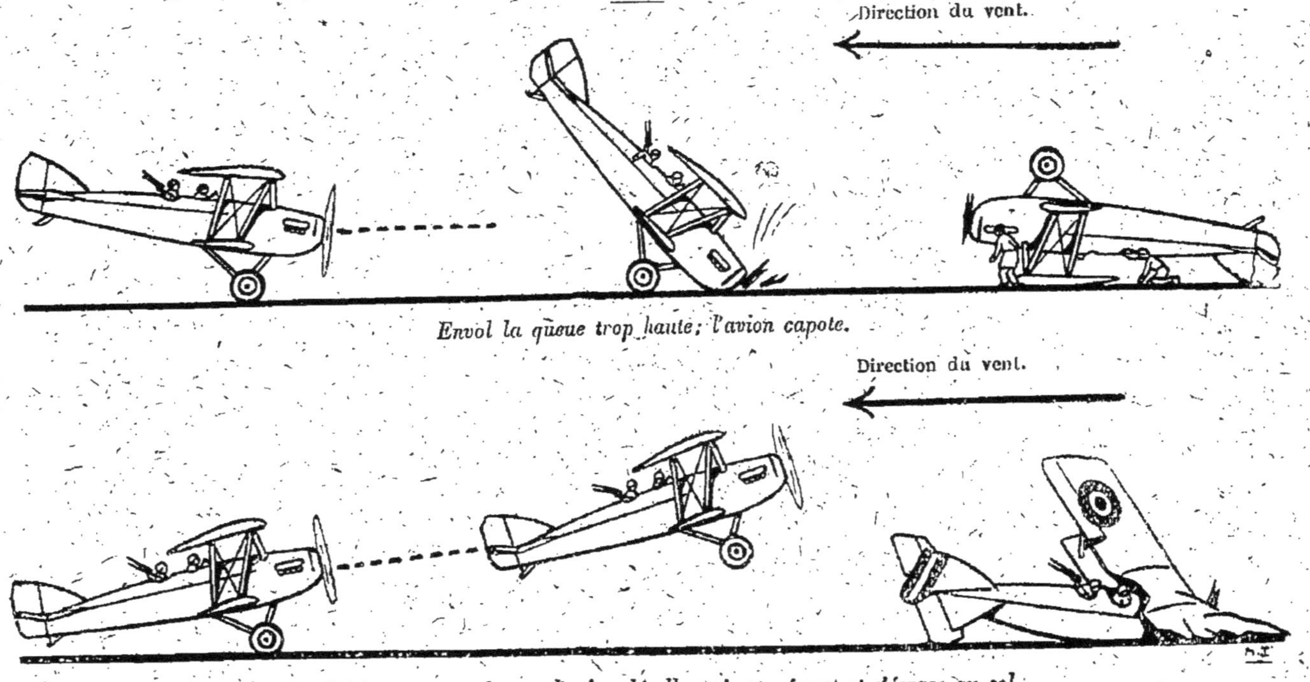

Le pilote fait une chandelle au départ;
l'avion en perte de vitesse tombe et s'écrase au sol.

57. La difficulté de cette manœuvre est de trouver, pour un régime de moteur donné à l'avion, l'angle de montée le plus favorable. Si le pilote ne cabre pas suffisamment l'avion, celui-ci monte trop lentement. Si, au contraire, le cabrage est exagéré, l'avion se freine, s'enfonce et perd rapidement la vitesse minimum nécessaire à sa sustentation.

58. Indépendamment des indications données par les instruments de bord, si son avion est bien réglé, le pilote trouve *l'angle optimum de montée*, en tâtant continuellement ses commandes, au fur et à mesure qu'il cabre l'avion. Tant que l'avion répond aux faibles actions sur les gouvernes de profondeur et de gauchissement, le pilote peut continuer à cabrer très progressivement l'avion. Dès que l'avion, pour répondre aux gouvernes, sollicite une plus grande amplitude des actions, cesser de cabrer et continuer à monter sous l'angle ainsi trouvé, en poussant très légèrement sur le levier.

59. Vol horizontal en ligne droite. — Cette manœuvre consiste à voler en ligne droite, sans monter ni descendre. Elle peut s'exécuter avec plusieurs régimes de moteur, correspondant, pour un avion donné, à des vitesses relatives différentes.

L'écart qui sépare la plus grande et la plus petite de ces vitesses pour un même avion est dit « *l'écart des vitesses* » de l'avion.

Si l'avion est bien réglé, à altitude moyenne, le levier de commande pousse dans la main dans le cas d'un excédent de puissance ; il est neutre au régime normal d'utilisation ; il tire dans la main pour un régime inférieur à ce régime normal, mais supérieur à la puissance strictement nécessaire à la sustentation de l'avion.

60. Pour maintenir l'avion dans la direction choisie, agir sur le palonnier.

Les inclinaisons latérales de l'avion produites par les remous sont corrigées par une inclinaison du levier de commande, du côté opposé à celui vers lequel l'avion tend à s'incliner. Dès que l'avion commence à se rétablir, ramener le levier de commande au milieu. Cette manœuvre doit être faite sans brutalité et sans exagération, quelle que soit la violence du remous. Il est recommandé, lorsque l'avion est à une altitude de sécurité, de ne pas abuser de la défense contre les remous, en actionnant continuellement le levier de commande. Dans les remous moyens, l'avion se rétablit de lui-même. Par contre, lorsque le remous est violent et que l'avion s'incline exagérément, il y a intérêt à compléter l'action des ailerons pour redresser plus rapide-

LA MONTÉE.

ment l'avion, par une pression exercée sur le palonnier dans le même sens que celle du levier de commande.

Les inclinaisons longitudinales de l'avion, d'ailleurs peu fréquentes, sont corrigées par une action sur le levier de profondeur, vers l'avant, si l'avion cabre, et vers l'arrière si l'avion pique. Cette manœuvre, de même que celle prévue pour le redressement des inclinaisons latérales, doit se faire avec beaucoup de douceur, et surtout sans en **exagérer** l'amplitude.

Virages.

61. Considérations générales. — Le virage est la manœuvre qui consiste à faire décrire à l'appareil une trajectoire curviligne dans le but de changer de direction.

Pour que cette manœuvre soit correcte, il est indispensable que l'appareil soit incliné vers le centre du virage d'une quantité suffisante pour éviter qu'il ne dérape, circonstance pouvant entraîner une *perte de vitesse*, mais non exagérée, ce qui entraînerait un *glissement* vers l'intérieur du virage; cette inclinaison doit être telle que le pilote se sente toujours appuyé d'aplomb sur son siège; son importance doit être d'autant plus grande que la vitesse est plus forte, ou le virage plus serré.

Pendant toute la durée du virage, le pilote doit, en poussant, au besoin, sur le levier de commande de profondeur, s'attacher à maintenir la vitesse relative de l'avion à une valeur nettement supérieure à la vitesse minima de sustentation en vol rectiligne.

62. Remarques. — 1. L'obligation de compenser l'effet du couple de renversement dû à la rotation de l'hélice entraîne, sur la plupart des appareils, une dissymétrie de construction à laquelle s'ajoute généralement une action inconsciente du pilote sur la commande de gauchissement. Il en résulte une tendance à virer variable en importance et sens, selon le type d'appareil utilisé et, pour un même type d'appareil, selon le régime du moteur.

Pour effectuer un virage, le pilote devra donc toujours tenir compte de cette tendance et la corriger comme il sera dit ci-après; les manœuvres à effectuer pour virer à droite et à gauche sur un appareil donné, à un régime de moteur donné, ne sont donc généralement pas symétriques; elles varient, en outre, avec le régime du moteur et le type d'appareil.

2. Aux régimes élevés des moteurs, surtout lorsqu'il s'agit de moteurs rotatifs, l'*effet gyroscopique* est loin d'être négligeable; il se traduit par le fait que, sous la seule action du gouvernail de direction, l'avion à tendance à cabrer ou à piquer selon le sens de l'action exercée et suivant que le moteur tourne dans un sens ou dans un autre; le pilote doit donc tenir compte, de ce fait, par une action complémentaire, dans le sens convenable, sur le gouvernail de profondeur.

VIRAGE D'UN BRÉGUET 19 À UN RÉGIME ÉLEVÉ DU MOTEUR.

1° Virage à gauche.

Le pilote incline le levier à gauche
et pousse le pied gauche.

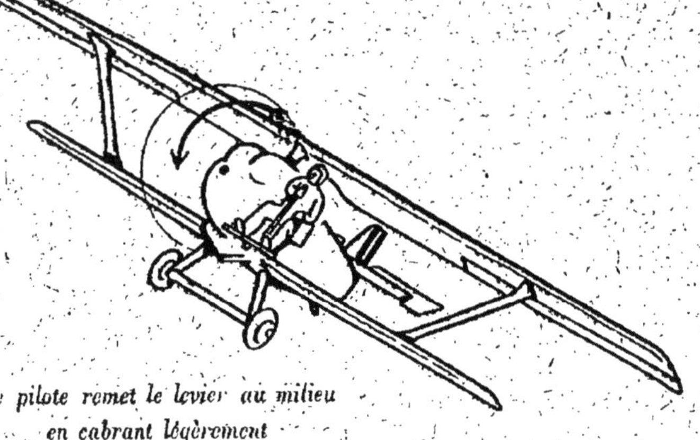

Le pilote remet le levier au milieu
en cabrant légèrement
et agit avec le pied droit.

Le virage terminé, le pilote redresse l'appareil en inclinant le levier à droite
et en agissant avec le pied droit.

VIRAGE D'UN BRÉGUET 19 À UN RÉGIME ÉLEVÉ DU MOTEUR.

2° VIRAGE À DROITE.

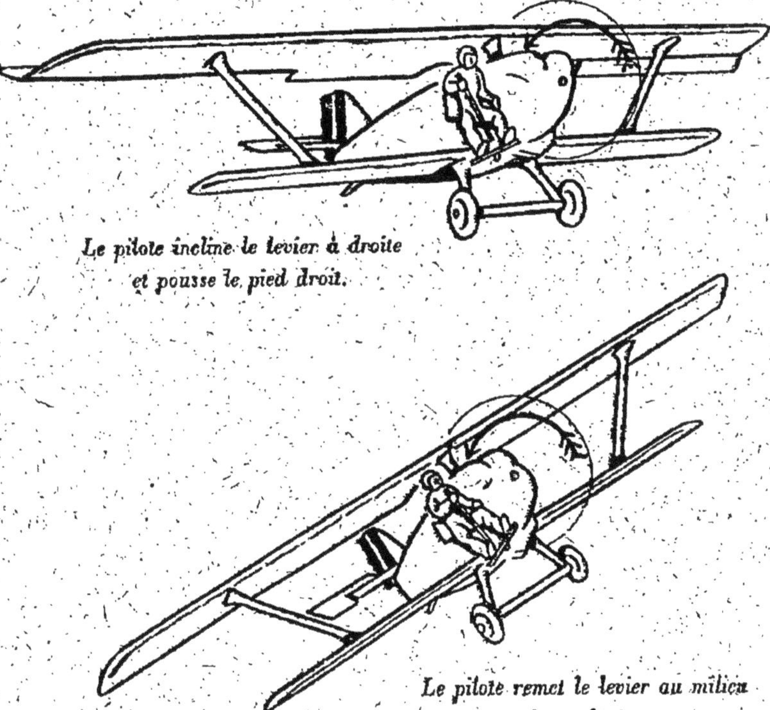

Le pilote incline le levier à droite
et pousse le pied droit.

Le pilote remet le levier au milieu
en cabrant légèrement
et diminue l'action avec le pied.

Le virage terminé, le pilote redresse l'appareil
en inclinant le levier à gauche.

3. Au fur et à mesure que l'inclinaison d'un virage augmente, l'action du pied du côté du virage tend à faire piquer l'appareil ; celle de l'autre pied tend à le faire cabrer. Tirer sur le levier, tend de plus en plus à resserrer le virage et inversement.

En somme, au fur et à mesure que l'appareil penche davantage, le gouvernail de profondeur agit de plus en plus comme gouvernail de direction, et le gouvernail de direction agit de plus en plus comme gouvernail de profondeur ; chacun de ces gouvernails joue à la fois, dans une proportion variable avec l'inclinaison de l'avion, son propre rôle et le rôle de l'autre.

4. En virage, la valeur de la vitesse critique à laquelle un avion fait « une partie de vitesse » est plus forte qu'en vol rectiligne, et cela dans une proportion d'autant plus importante que le virage est plus serré.

63. Manœuvre pratique du virage à faible inclinaison. — Le virage à faible inclinaison est la manœuvre normale à exécuter pour effectuer un simple changement de direction. Pour virer dans ces conditions, à droite ou à gauche, amorcer le virage en agissant simultanément sur le gouvernail de direction et sur le gauchissement, dans le sens du virage ; dès que l'avion est en virage, réduire l'action sur chacune de ces gouvernes et la doser en plus ou en moins de telle sorte que l'inclinaison prise par l'appareil corresponde bien au rayon du virage que l'on désire effectuer ; si, notamment, le virage tend à se resserrer, réduire l'action initiale sur le gouvernail de direction, l'annuler ou même agir légèrement en sens inverse tout en veillant à ce que l'inclinaison de l'appareil ne s'exagère pas. A cet effet, réduire ou même annuler l'action intitiale sur le gauchissement, mais ne jamais gauchir en sens inverse, cette dernière manœuvre tendant à provoquer la vrille lorsqu'elle n'est pas accompagnée d'une manœuvre correspondante dans le même sens sur le gouvernail de direction. Si, au contraire, le virage tend à s'élargir, maintenir ou même accentuer la pression initiale sur le gouvernail de direction tout en agissant sur le gauchissement dans le sens convenable pour obtenir une inclinaison correcte de l'appareil.

Lorsque la nouvelle direction est près d'être atteinte, remettre l'avion en ligne de vol en agissant simultanément sur le palonnier et le levier, dans le sens opposé à celui du virage ; les ramener dans la position initiale quand le redressement de l'avion est sur le point de s'achever.

64. Il résulte des considérations ci-dessus que l'exécution du virage doit être étudiée avec soin pour chaque régime de moteur pour tenir compte des tendances de virage particulières dans chaque cas.

A titre d'exemple, les manœuvres à effectuer sur *avion* BRÉGUET 19 réglé normalement et équipé avec un *moteur tournant à droite* sont données ci-après pour différents régimes du moteur.

VIRAGE À GAUCHE DU BRÉGUET 19 À UN RÉGIME MOYEN DU MOTEUR.

Le pilote incline le levier à gauche
et pousse le pied gauche.

Le pilote remet tout au milieu.

Le pilote redresse en inclinant le levier à droite
et en agissant avec le pied droit.

65. 1° Virage à un régime élevé du moteur. — Lorsque le moteur tourne à un régime élevé, l'avion tend généralement à virer à gauche, et pour maintenir l'avion en direction en vol normal, il faut exercer une pression constante du pied droit sur le palonnier.

A un régime élevé de moteur, pour virer à gauche, incliner légèrement l'avion à gauche et amorcer en même temps le virage par une légère action du pied gauche sur le palonnier. Dès que l'avion est en virage, ramener le levier de commande au milieu et le palonnier à sa position initiale, c'est-à-dire le pied droit légèrement en avant. Si l'avion tend à resserrer le virage, augmenter l'action du pied droit sur le palonnier sans incliner le levier de commande vers la droite.

Lorsque le virage est terminé, remettre l'avion dans la position horizontale, en inclinant le levier vers la droite et en appuyant en même temps du pied droit sur le palonnier. Dès que le mouvement de redressement de l'avion est terminé, ramener le levier et le palonnier dans la position initiale.

Le virage à droite avec le même régime de moteur est amorcé comme le virage à gauche, mais pour résister à la tendance de l'avion, il est alors nécessaire de maintenir la pression initiale du pied droit sur le palonnier pendant toute la durée du virage. Si le virage a tendance à se resserrer, diminuer l'action du pied droit sans incliner le levier de commande vers la gauche.

66. 2° Virage à un régime moyen du moteur. — Lorsque le moteur tourne à un régime tel que la tendance de l'avion au virage à gauche cesse d'être sensible (régime moyen du moteur), l'avion se maintient dans la direction à suivre sans l'intervention du pilote qui peut abandonner complètement le palonnier.

Au régime moyen, la manœuvre du virage est la même dans les deux sens. Elle se fait en inclinant l'avion du côté du virage et en amorçant en même temps celui-ci par une pression sur le palonnier du même côté.

Dès que le virage est commencé, ramener le levier et le palonnier à leur position normale, c'est-à-dire au milieu. L'avion doit alors conserver le même rayon de virage sans l'intervention du pilote. Si, pour une raison quelconque, le virage tend à se resserrer, diminuer son inclinaison par une pression latérale sur le levier et une légère action sur le palonnier du même côté.

67. 3° Virage au régime ralenti ou avec le moteur arrêté. — Lorsque le moteur est au régime ralenti ou lorsqu'il est arrêté, l'avion a une légère tendance à virer vers la droite ; il est nécessaire, pour le maintenir en vol rectiligne, d'exercer une légère pression avec le pied gauche sur le palonnier. En conséquence, les manœuvres de virage, moteur au ralenti ou arrêté, doivent être, pour un sens donné, contraires à celles prévues pour les virages à un régime de moteur élevé.

68. Observations. — Il n'a pas été question, dans l'étude de ces différents virages, de l'action sur le gouvernail de profondeur. Il est bien entendu que les virages doivent être exécutés en maintenant l'avion à une vitesse nettement supérieure à sa vitesse minima de sustentation en ligne droite. *Il est donc normal de laisser cabrer légèrement l'avion en virant à un régime élevé du moteur, de virer horizontalement à un régime moyen et de faire piquer l'appareil dans les virages avec moteur au ralenti ou arrêté.*

Il est à remarquer que, dans le virage à droite, il faut agir sur le gouvernail de profondeur plus qu'il n'est nécessaire de le faire dans le virage à gauche pour éviter un cabrage exagéré de l'avion (1).

En fin de virage, pendant le redressement de l'avion, il est recommandé de pousser légèrement le levier en avant pour reprendre la vitesse qui aurait pu être perdue dans le virage.

Si, au cours d'un virage à faible inclinaison, l'avion glisse sur le côté, ce sera généralement la conséquence d'une réduction exagérée de la vitesse. Le pilote devra exécuter la manœuvre dite « *piquer dans le trou* » indiquée au paragraphe *perte de vitesse* (art. 88).

69. Descente normale. — Pour descendre, pousser légèrement le levier de commande en avant, réduire en même temps les gaz et agir, s'il y a lieu, sur le dispositif de réglage du refroidissement en vue de maintenir le moteur à une température convenable.

L'angle de descente minimum est d'autant plus grand que le régime du moteur est plus faible et inversement.

Pendant la descente normale, la vitesse relative de l'avion doit être constante et légèrement supérieure à celle du vol normal dans la position horizontale.

Dans le cas où la vitesse relative doit être diminuée, le pilote peut agir, soit sur la manette des gaz, soit sur le levier de commande ; dans le premier cas, la perte d'altitude est plus rapide.

70. Indépendamment des indications données par l'indicateur de vitesse, le pilote peut se rendre compte des accélérations ou des diminutions de vitesse en descente, par les variations de régime du moteur et par le sifflement produit par les résistances de l'avion, ces bruits augmentant d'intensité au fur et à mesure que la vitesse s'accroît et inver-

---

(1) Cette différence résulte de l'effet gyroscopique.

VIRAGE DU BRÉGUET 19 MOTEUR ARRÊTÉ.

1° Virage à gauche.

L'avion est maintenu en

Levier à gauche
et pression du pied gauche.

Levier au milieu,
pression
moins forte
du pied gauche.

Levier à droite, légère pression du pied droit.

Virage du Bréguet 19 moteur arrêté.

2° Virage à droite.

descente durant ces manœuvres.

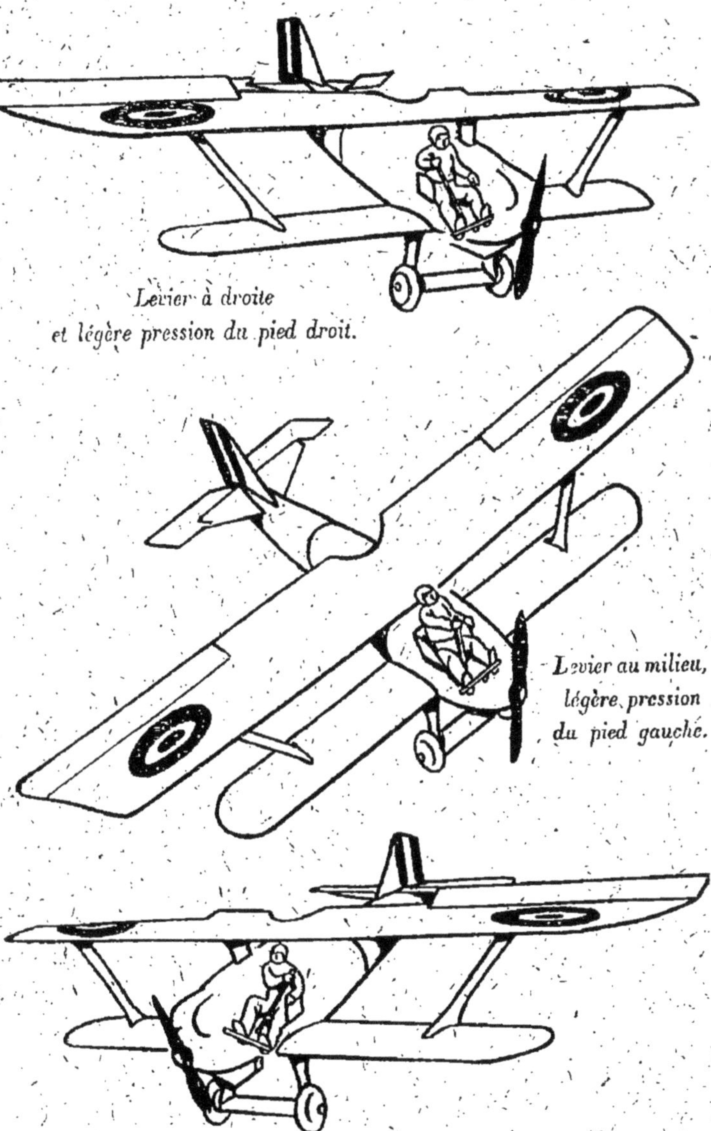

Levier à droite
et légère pression du pied droit.

Levier au milieu,
légère pression
du pied gauche.

Levier à gauche, forte pression du pied gauche.

La Descente.

sement. Il est également possible de contrôler la vitesse de descente par la résistance constatée en manœuvrant les ailerons, cette résistance étant fonction de la vitesse.

71. Si la descente est longue, faire assez souvent des reprises de moteur, pour éviter l'encrassement des bougies et l'engorgement du moteur et surveiller, s'il y a lieu, les thermomètres, qui ne doivent jamais descendre au-dessous de la température fixée pour chaque moteur. Remettre, au besoin, les gaz et exécuter un palier pour réchauffer le moteur.

72. Descente en vol plané. — Le vol plané est le vol avec le moteur au ralenti ou arrêté.

Les principes du vol plané ne diffèrent pas sensiblement de ceux du vol normal avec le moteur. Le problème est toujours le même : conserver une vitesse suffisante pour permettre à l'avion de se sustenter. Cette vitesse s'obtient en plaçant l'avion en descente, sous un angle qui est fonction, pour un type d'avion donné, du régime du moteur et de la charge de l'avion.

73. La vitesse de descente peut être contrôlée par l'angle que fait l'avion avec le plan horizontal, la résistance des commandes, en particulier celle de la profondeur, et enfin par le sifflement produit par la résistance de l'air sur l'ensemble de l'avion, indépendamment des indications données par l'indicateur de vitesse relative.

74. Prise de terrain. — Cette manœuvre s'exécute :

a. Au moteur ;

b. En vol plané.

a. *Prise de terrain au moteur.* — Amener l'avion à 100 mètres d'altitude environ, face au vent, en visant le point choisi pour l'atterrissage. Quand l'avion est à une distance de ce point correspondant à son angle de descente en vol plané, mettre le moteur à l'extrême ralenti.

Ce mode de prise de terrain doit être utilisé notamment aux heures où l'aérodrome est très fréquenté et où plusieurs avions risquent d'atterrir en même temps.

b. *Prise de terrain en vol plané.* — Après avoir mis le moteur au ralenti et l'avion en descente, le pilote se porte à l'extérieur du terrain, du côté de la bordure à franchir, à une distance de celle-ci inférieure à celle que nécessiterait la descente directe pour atterrir sur le terrain. Il y a lieu de tenir compte, pour l'évaluation de cette distance, de la vitesse du vent.

A partir de ce moment, continuer la descente en croisant parallèlement à la bordure du terrain, sans jamais la perdre de vue, et en se rapprochant de celle-ci au fur et à mesure

PRISE DE TERRAIN AU MOTEUR.

PRISE DE TERRAIN EN VOL PLANÉ.

que l'altitude diminue. Cependant, si, à un moment donné, l'avion est trop près du terrain, en fonction de la hauteur, s'en éloigner en prenant une direction oblique par rapport à la bordure du terrain.

Continuer ainsi la descente en réglant la manœuvre de façon à amener l'avion, entre 100 et 50 mètres de hauteur, face au terrain d'atterrissage et au vent, et à une distance de la lisière suffisante pour franchir celle-ci avec une vitesse normale.

Cette manœuvre constitue, pour les pilotes confirmés, un excellent entraînement, sous réserve que les dimensions du terrain, la nature de ses abords et les consignes de piste le permettent.

75. Atterrissage. — L'atterrissage est la manœuvre qui consiste, après la descente, à prendre contact normalement avec le sol.

L'atterrissage normal se fait face au vent.

La manœuvre de l'atterrissage classique commence dans la descente, quand l'avion n'est plus qu'à quelques mètres de hauteur ; elle se termine au moment où l'avion s'arrête

3

complètement sur le sol. Elle comporte : *l'arrondi, le palier, la prise de contact avec le sol et le roulage jusqu'à l'arrêt.*

76. *L'arrondi* est la manœuvre qui permet de passer progressivement de la descente normale au vol horizontal ou palier. Pour un avion donné, l'arrondi doit commencer à une hauteur d'autant plus grande que la vitesse relative de descente est plus grande.

Pour effectuer cette manœuvre, réduire le moteur à l'extrême ralenti, s'il n'y est déjà, et redresser progressivement l'avion au fur et à mesure que le sol se rapproche. En fin d'arrondi, l'avion doit avoir encore une vitesse suffisante pour répondre aux actions des gouvernes, à celle de la profondeur en particulier. D'autre part, le pilote doit régler la progressivité de son arrondi, de façon que l'avion ne se trouve en palier, qu'à une hauteur aussi faible que possible au-dessus du sol. Si le palier commence à une hauteur trop grande, l'enfoncement de l'appareil en fin de palier se produit trop haut et l'avion tombe lourdement sur le sol.

77. Le palier doit durer tant que l'avion conserve une vitesse suffisante pour sa sustentation. *Pour tenir le palier correctement, c'est-à-dire parallèlement au sol, regarder le terrain devant soi, et non sous l'avion.*

78. Quand l'avion commence à s'enfoncer, tirer progressivement le levier de commande à soi pour retarder, autant que possible, la prise de contact des roues avec le sol. La principale difficulté de l'atterrissage réside dans cette manœuvre qui doit se faire au moment rigoureusement opportun. Si elle commence trop tôt, l'avion ayant encore une vitesse trop grande tend à remonter ; si elle commence trop tard, l'avion prend contact avec le sol, la queue haute, et par suite, avec une trop grande vitesse qui risque de le faire rebondir. Cette manœuvre doit s'effectuer au moment précis où l'avion possède encore une vitesse suffisante pour que l'action sur le levier de commande fasse baisser la queue, sans que l'avion remonte.

L'atterrissage est parfait, si au moment de la prise de contact sans choc de l'avion avec le sol, roues et béquilles simultanément, le levier de commande se trouve déjà ramené complètement en arrière.

79. Après la prise de contact avec le sol, maintenir l'avion dans sa direction d'atterrissage pendant toute la durée du roulage. Au début du roulage, quand l'avion a encore une vitesse suffisante, cette manœuvre ne présente pas de difficultés sérieuses. Par contre, au moment où la vitesse de roulage devient faible, et jusqu'à l'arrêt, les mouvements de défense avec le palonnier et les ailerons doivent être faits avec d'autant plus d'amplitude que la vitesse diminue. Si malgré tout, l'avion s'engage en virage

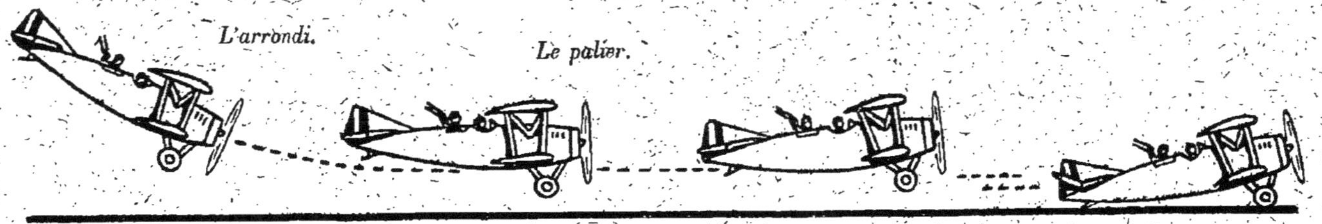

L'arrondi.

Le palier.

I. ATTERRISSAGE CORRECT.

II. ATTERRISSAGE INCORRECT. — Le pilote n'a pas redressé à temps.

III. ATTERRISSAGE INCORRECT. — Le pilote a redressé trop haut.

à droite ou à gauche, réagir vigoureusement du côté opposé et conserver le levier de commande complètement en arrière. Au besoin, couper les contacts.

Au cas où par suite d'une fausse manœuvre, ou d'une aspérité du sol, l'avion rebondit, conserver le levier de commande en arrière. Cependant, si l'avion, par suite d'une grande vitesse, au moment du contact rebondit trop haut, le pilote peut éviter un accident en rendant aussitôt la main, et en reprenant l'atterrissage. Cette manœuvre ne doit être tentée que par des pilotes parfaitement confirmés.

C. — INCIDENTS DE VOL. — LA PERTE DE VITESSE.

80. Par la parfaite connaissance des règles du vol et de la stricte observation des prescriptions qu'elles renferment, le pilote réduira au minimum les risques d'incidents de vol.

Cependant, certains incidents, dus à des causes diverses (matériel, troubles physiologiques, changements atmosphériques imprévus, etc.) ne peuvent être entièrement éliminés.

Le pilote doit être toujours prêt à prendre immédiatement la décision que comporte l'une ou l'autre de ces difficultés. Quelle que soit la nature de l'incident survenu, cette décision sera d'autant plus opportune que le pilote aura mieux su conserver, même dans les circonstances les plus critiques, une parfaite maîtrise de soi et un imperturbable sang froid.

81. A titre d'exemple, il est indiqué, ci-après, quelle est la conduite à tenir par un pilote pour parer à un certain nombre d'incidents qui, bien que très rares, sont néanmoins susceptibles de survenir au cours d'un vol :

1° *Rupture ou coincement de commandes.*

Il peut arriver qu'un pareil accident ne prive pas le pilote de tout moyen de conduite de l'appareil. Il convient, dans ce cas, de mettre le moteur au ralenti et de descendre droit devant soi en n'agissant sur les commandes restées disponibles que par mouvements insensibles pour maintenir l'avion en ligne droite.

En approchant du sol, le pilote pourra — avec la plus extrême prudence — se servir de son moteur, soit pour remettre l'appareil à plat à quelques mètres du sol, soit pour éviter un obstacle.

2° *Rupture d'hélice.*

Dès que de violentes trépidations indiquent une rupture d'hélice, il y a lieu de fermer immédiatement les gaz et de chercher à atterrir.

3° *Incendie.*

En cas d'incendie se déclarant à bord, le pilote fait agir l'extincteur dans les conditions indiquées par les notices techniques.

82. Il peut se faire aussi que la conduite de l'avion échappe entièrement au pilote, ou bien que l'action de l'extincteur ne parvienne pas à maîtriser l'incendie. Le parachute doit être alors utilisé. Il en est de même lorsque la destruction de l'appareil à l'atterrissage — atterrissage forcé — paraît probable.

83. Le pilote doit, par-dessus tout, éviter de commettre au voisinage du sol une faute de pilotage pouvant entraîner une perte de vitesse.

84. La perte de vitesse. — Lorsque la vitesse relative d'un avion diminue progressivement, il arrive un moment où le point d'application de la résultante des efforts aérodynamiques qui s'exercent sur lui varie avec une très grande rapidité, provoquant finalement une abatée brutale sur l'avant, sur l'aile ou sur la queue, abatée que l'avion exécute sans que le pilote puisse intervenir par quelque manœuvre que ce soit pour l'en empêcher; on dit communément que l'avion fait une *« perte de vitesse »*.

La vitesse minima à laquelle apparaît ce phénomène est généralement assez voisine — en dessous et plus rarement au-dessus — de la vitesse minima au-dessous de laquelle la sustentation ne pouvant être maintenue égale au poids de l'avion, celui-ci s'enfonce, quelle que soit la manœuvre effectuée par le pilote; elle dépend du type de l'avion, de sa charge et de l'altitude de vol; pour un type d'appareil donné, elle augmente avec la charge et l'altitude de vol.

85. Lorsqu'un pilote s'est laissé surprendre par une *« perte de vitesse »*, il est obligé de subir l'abatée qui en résulte et ne peut reprendre le contrôle de son appareil que lorsque son mouvement de chute s'est prolongé un certain temps et que les manœuvres appropriées ont été faites.

La perte de vitesse est donc extrêmement dangereuse lorsqu'elle se produit à faible hauteur, l'avion pouvant alors arriver au sol avant d'avoir pu être redressé; en ce cas, elle est presque toujours fatale : elle est ainsi la cause de la plupart des accidents d'aviation.

Par suite, il faut tout particulièrement se méfier de la perte de vitesse lors des manœuvres de départ et d'atterrissage.

86. Indépendamment des indications qui lui sont fournies par ses instruments de bord (indicateurs de vitesse relative ou girouettes), le pilote est prévenu de l'approche de la perte de vitesse par les constatations suivantes :

a. *Les commandes deviennent molles et répondent plus lentement;*

b. *L'avion a tendance à s'enfoncer, quelle que soit l'action exercée sur le levier de commande.*

LA PANNE DE MOTEUR AU DÉPART.

Ce qu'il faut faire : atterrir devant soi.

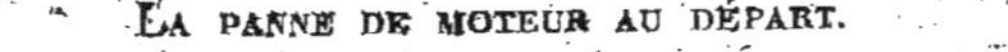

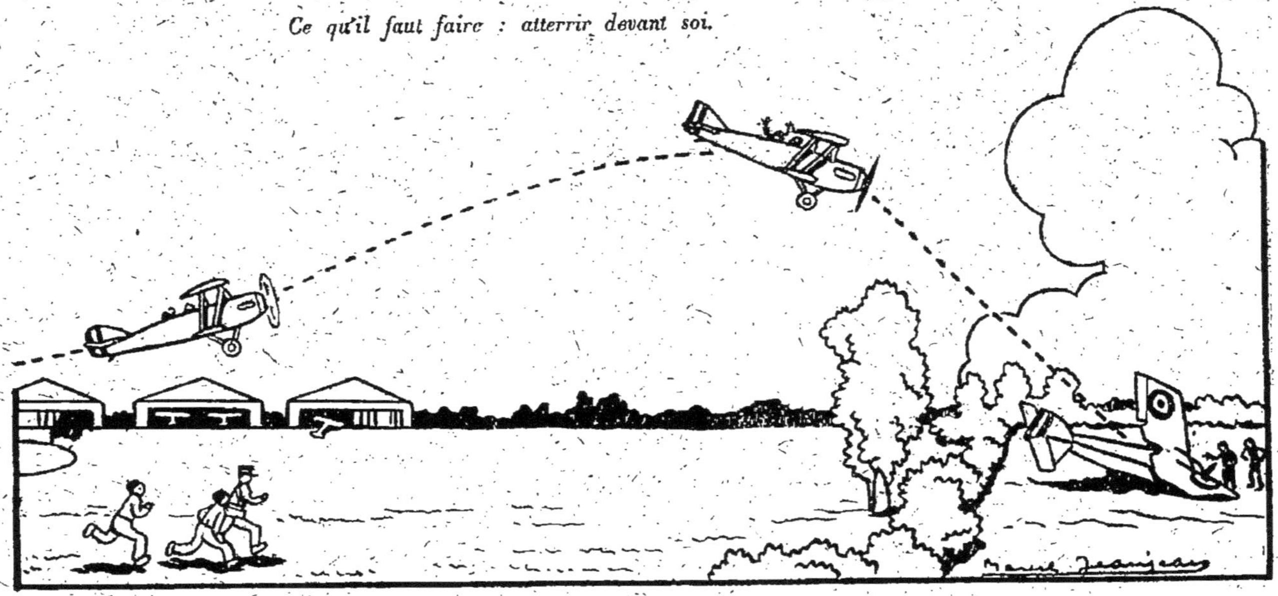

LA PANNE DE MOTEUR AU DÉPART.

*Ce qu'il ne faut pas faire : essayer de revenir au terrain,
car on risque ainsi la perte de vitesse.*

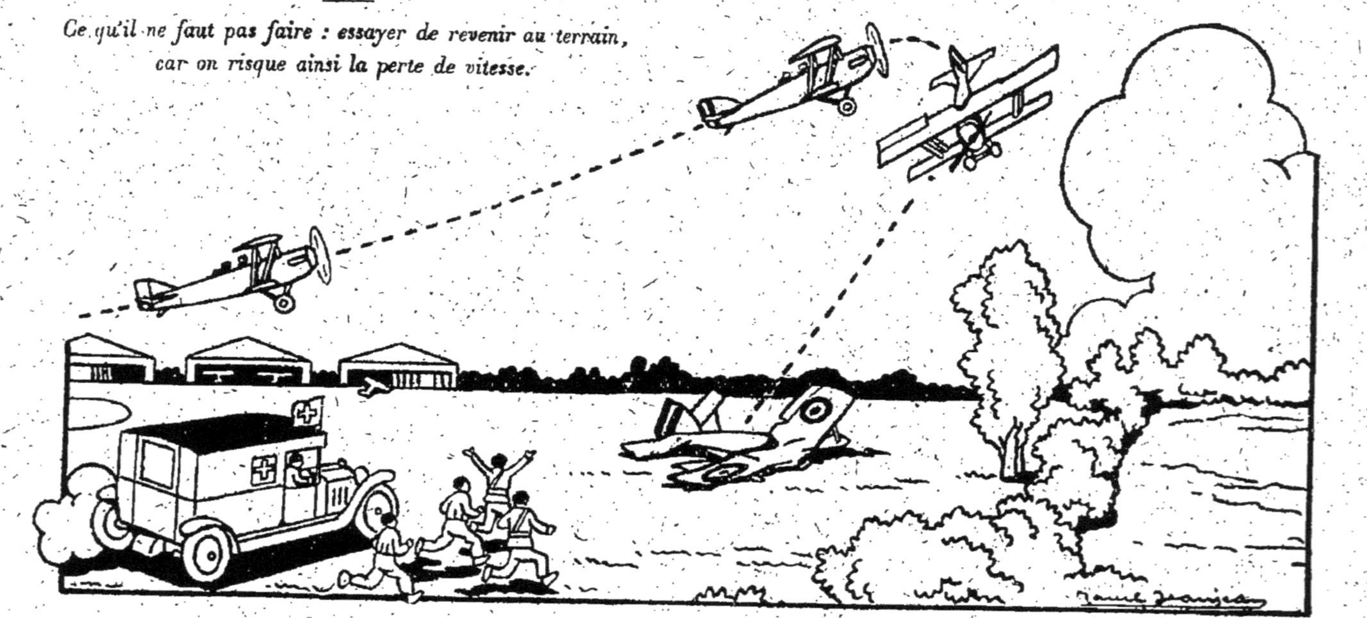

87. A l'approche de la perte de vitesse, y parer en poussant vivement à fond le levier de commande et en augmentant, le cas échéant, mais avec une grande circonspection, le régime du moteur; éviter soigneusement tout virage et toute inclinaison latérale de l'avion, manœuvres qui ne peuvent que précipiter la perte de vitesse.

88. Lorsque la perte de vitesse est déclarée, il convient, pour l'enrayer, d'effectuer les manœuvres suivantes :

1° Si l'avion est à une altitude suffisante pour être rétabli, pousser immédiatement et à fond sur le levier de commande de profondeur, en agissant en même temps sur les autres commandes dans le sens où s'est effectué le mouvement spontané : c'est ce qui s'appelle communément *« piquer dans le trou ».* Dès que les commandes répondent à nouveau normalement, les ramener au milieu et redresser progressivement l'avion jusqu'à ce qu'il ait repris son régime de vol normal;

2° Si le pilote estime sa hauteur insuffisante pour permettre le rétablissement de l'appareil, couper les contacts et utiliser le parachute si l'altitude le permet encore;

3° Si l'avion est trop bas pour permettre l'utilisation du parachute, ne pas oublier de couper les contacts et de fermer l'essence pour réduire autant que possible les conséquences de l'accident.

89. Remarque. — *Lorsque l'avion est en virage, la perte de vitesse risque davantage de se produire,* car au poids réel de l'appareil vient s'ajouter la force centrifuge; ceci est d'autant plus accentué que le virage est plus serré.

Il importe donc de se méfier particulièrement de la perte de vitesse en pareilles circonstances; il est, par contre, plus facile d'y remédier puisque, la vitesse critique étant plus forte, les commandes répondent mieux et qu'il suffit de faire cesser le virage pour que la force centrifuge qui a provoqué l'augmentation de la valeur de la vitesse critique disparaissant, la perte de vitesse se trouve enrayée du même coup.

D. — PARTICULARITÉS DU VOL

1° Vols par mauvais temps.

Vols par grand vent et remous.

90. Si le vent tend à faire reculer l'avion au sol, placer des cales à l'avant et à l'arrière des roues avant de faire les essais du moteur au point fixe.

Par fort vent, se faire aider pour aller prendre le départ.

Pour une première mise en route [...] il est nécessaire [...] vent, un [...] pilote [...] peut [...] ailes des planeurs [...] [...] soit du côté d'une forte rafale portée [...] pour faciliter l'action en direction où [...] empêcher d'être soulevé par le vent.

Éviter quand cela est possible de prendre le départ dans la direction d'un obstacle élevé formant muraille en bordure du terrain (crête, hangar, ligne d'arbres, etc.). Les obstacles de cette nature créent des remous dangereux, il faut s'en écarter, et danger d'utilisation possible. [...]

[...]

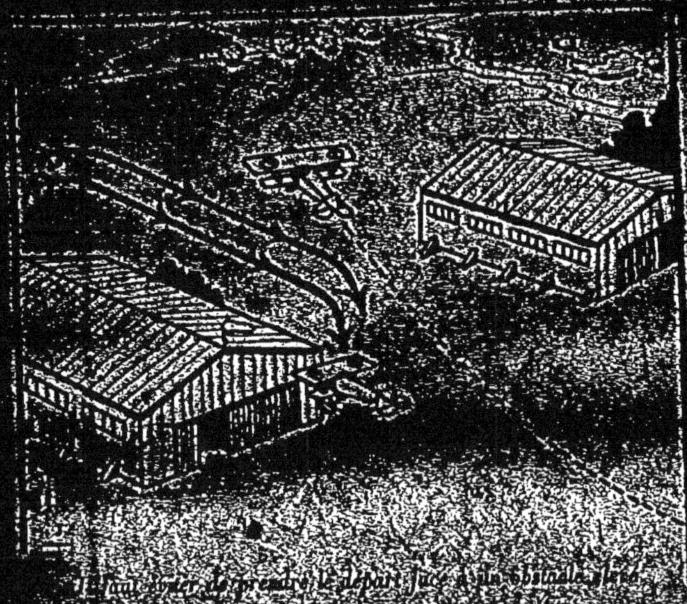

... que venir de prendre le départ face à un obstacle fixe ...

ATTERRISSAGE PAR VENT FORT.

le moteur, placer le levier de commande en arrière; attendre au besoin des aides pour faciliter la manœuvre de retour au hangar en roulant.

94. Vols dans la pluie. — Avec un bon pare-brise et des lunettes, la pluie n'empêche pas le vol, à moins que les nuages ne soient trop bas. Le pilote doit, néanmoins, s'il le peut, toujours contourner les nuages de pluie qui, à la longue, peut détériorer l'hélice et nuire au bon fonctionnement du moteur.

La nécessité de se diriger pouvant obliger le pilote à pencher la tête à l'extérieur du pare-brise, celui-ci devra porter des lunettes, afin de protéger ses yeux du choc des gouttelettes d'eau qui risqueraient de les blesser.

95. Vols par temps orageux. — Les orages sont accompagnés souvent de pluies torrentielles, de grêle et de mouvements désordonnés de l'air (grains) particulièrement dangereux.

Eviter de partir si un orage est annoncé sur l'itinéraire à suivre.

Si on est surpris par l'orage en cours de route, essayer de le contourner, s'il n'est pas trop étendu. Si ce n'est pas possible, éviter l'orage et chercher à atterrir sur le terrain propice le plus voisin.

96. Vols par temps nuageux. — Par temps nuageux, en l'absence de moyens de navigation appropriés, éviter de se tenir au-dessus de la couche de nuages, sauf dans le cas où celle-ci présente de larges éclaircies qui permettent de voir le sol par places. La vue du sol est, dans ce cas, nécessaire, d'une part pour se diriger d'une façon sûre et, d'autre part, pour se rendre compte de la nature de la région survolée et de l'altitude approximative au-dessus de cette région.

97. Si en survolant une couche de nuages avec éclaircies, on s'aperçoit que celles-ci se resserrent et que le sol risque de disparaître, ne pas hésiter à descendre immédiatement en essayant de passer par une trouée dans le nuage. Si, au moment d'aborder les nuages, la trouée s'est fermée, prendre les précautions suivantes pour traverser la couche:

1° Observer le cap au compas au moment de l'entrée dans le nuage et maintenir sa direction en conservant ce cas. S'efforcer de conserver une vitesse uniforme de descente et utiliser, à cet effet, tous les moyens indiqués à l'article 70 (Descente en ligne droite);

2° A défaut d'indicateur d'inclinaison latérale, les inclinaisons légères ne peuvent pas être perçues par le pilote.

Seules, les indications exagérées suivies de glissades, qui se traduisent par un courant d'air sur la figure du côté de la glissade, sont susceptibles de donner au pilote une indication précise sur le sens de l'inclinaison de l'avion.

98. Vol par temps de brume et de brouillard.
Il faut éviter de confondre la brume et le brouillard.

La *brume* est un trouble de l'atmosphère qui se traduit par une diminution plus ou moins sensible de la visibilité. Elle est due, soit à des différences de température entre les filets d'air voisins, soit à des poussières ou à des particules de toutes natures en suspension dans l'atmosphère. Elle gêne la vue dans le sens horizontal, mais, la plupart du temps, elle n'empêche pas de voir convenablement le sol à la verticale.

Le *brouillard* est une masse de vapeur d'eau condensée, en contact avec le sol; il rend la visibilité au sol complètement impossible.

Le pilotage, par temps de brume, tout en étant généralement possible, est cependant délicat.

Il y aura, par suite, lieu de ne partir en vol, par temps de brume, qu'après s'être assuré, autant que faire se peut, que le vol est possible.

L'atterrissage dans la brume, quand il se fait face au soleil, exige une grande attention, du fait que le pilote est ébloui et ne voit que très difficilement le sol devant lui.

Le pilotage dans le brouillard n'est pas à envisager, attendu qu'il est impossible d'atterrir dans le brouillard sans s'exposer aux conséquences les plus graves. Voler même au-dessus du brouillard, en l'absence de renseignements météorologiques précis permettant de délimiter la zone envahie, c'est commettre la plus grande imprudence.

2° Vols en région accidentée.

99. Les régions de l'atmosphère qui se trouvent dans le vent d'un obstacle sont le siège de remous tourbillonnaires qui sont d'autant plus étendus et violents que l'obstacle est plus important et à arêtes plus vives et que le vent est plus fort.

Le dessin ci-après indique la façon dont l'air est dévié par un obstacle et la forme générale des tourbillons provoqués.

Il en résulte qu'en avant d'une crête un avion est emporté par un vent ascendant; en arrière de cette crête, il est rabattu par des vents descendants et ces déplacements peuvent être tels que l'action du moteur ne réussit pas toujours à en être maître; des accidents graves peuvent même en résulter. Un pilote devra donc toujours, quand cela sera possible, *éviter en région montagneuse les zones*

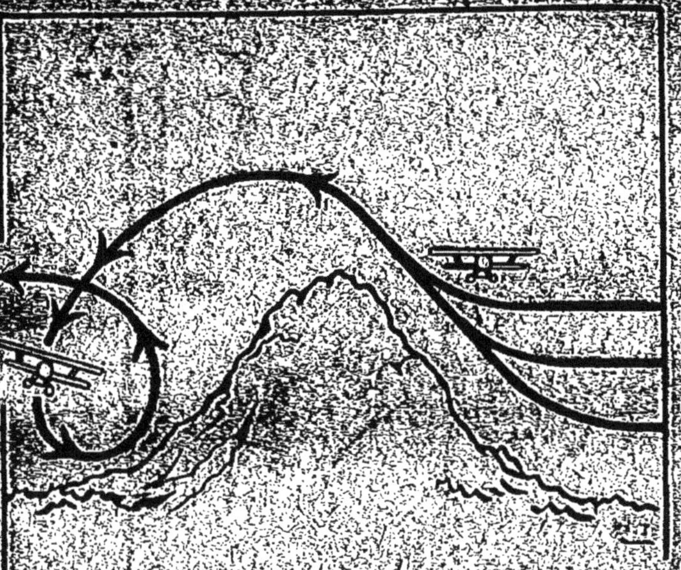

de remous qui sont en arrière des crêtes par rapport au vent. Il aura d'ailleurs avantage, au point de vue économie de sa consommation d'essence, à naviguer dans les zones des vents ascendants qui sont en même temps celles où l'air est le moins troublé par les remous.

3° Atterrissages et départs en terrains variés

Atterrissages de campagne.

100. *a.* L'atterrissage normal de campagne est celui qu'un pilote doit obligatoirement effectuer au cas où il atterrit sur un terrain de fortune qu'il ne connaît pas. Il consiste à rouler le moins possible sur le terrain choisi. Pour atterrir dans ces conditions, *faire le poser à une hauteur au-dessus du sol légèrement supérieure à celle du poser d'un atterrissage normal.* Retarder le plus possible le contact avec le sol en cabrant progressivement l'avion au fur et à mesure qu'il s'enfonce. En fin de manœuvre, au moment où l'avion va se poser sur le sol, le levier de commande doit être complètement en arrière.

b. Il est recommandé tout particulièrement au pilote de fermer l'essence et de couper les contacts pendant les derniers mètres de la descente précédant l'atterrissage, afin d'éviter l'incendie qui pourrait résulter d'un capotage.

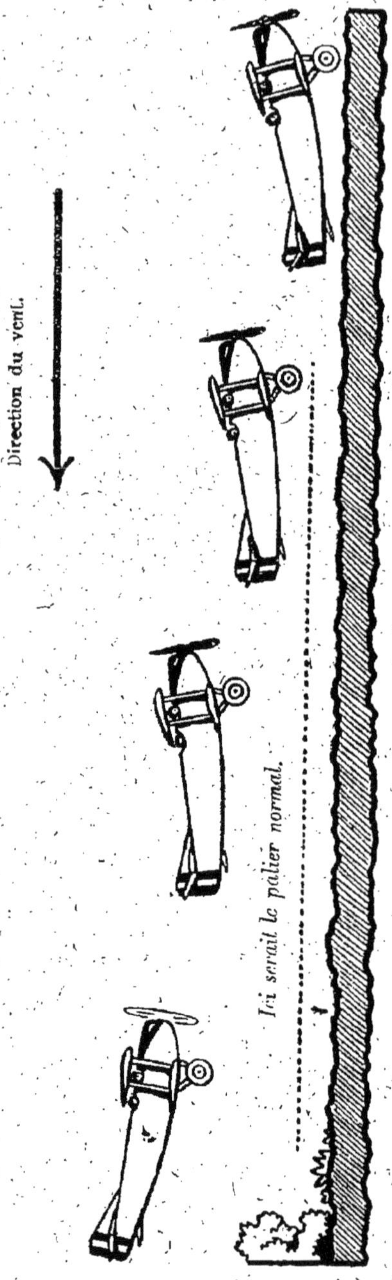

ATTERRISSAGE DE CAMPAGNE.

Atterrissage en glissade sur l'aile sur un terrain bordé d'obstacles.

101. *b.* Un pilote parfaitement entraîné à la glissade pourra avantageusement *atterrir en glissade sur l'aile* de la manière indiquée à l'article 127.

Cet atterrissage peut offrir les avantages suivants : rapidité de descente, possibilité de se poser sur un terrain bordé d'obstacles.

102. Atterrissage et départ sur terrain court. — La manœuvre d'atterrissage, dans ce cas, consiste d'abord à franchir aussi bas que possible et avec le minimum de vitesse l'obstacle qui borde le terrain et, ensuite, à s'arrêter sur le sol le plus tôt possible.

Avant d'atterrir, le pilote détermine, suivant la direction du vent, l'axe de son atterrissage et par suite, le point précis où il franchira la lisière d'accès. Après s'être placé en arrière du terrain, et à une distance qui lui donne l'assurance d'être court, le pilote descend dans la direction de son axe d'atterrissage jusqu'à l'altitude la plus faible possible au-dessus des obstacles avoisinant le terrain. Lorsqu'il est sur le point d'arriver à cette altitude, il reprend la ligne de vol avec le minimum de vitesse et fait un palier pour atteindre l'obstacle à franchir. Dès qu'il a la certitude de franchir cet obstacle (compte tenu de la vitesse acquise), il ferme les gaz, coupe les contacts, se met légèrement en piqué s'il y a lieu, suivant la hauteur de l'obstacle et fait ensuite l'atterrissage de campagne. Si en franchissant l'obstacle, le pilote craint d'être long, il doit remettre le moteur et recommencer la manœuvre, s'il croit l'atterrissage possible sur le terrain.

Après l'atterrissage, le pilote qui craint d'aller en roulant dans les obstacles situés devant lui, ne doit pas remettre le moteur : cette manœuvre est dangereuse. Il doit essayer de freiner son avion, par des actions sur le palonnier à droite et à gauche, et virer complètement si cela est nécessaire, en choisissant la direction la plus favorable.

103. Cette méthode ne s'applique qu'au cas où le pilote dispose de son moteur. *Lorsque le pilote a une panne de moteur,* il fait sa descente et sa prise de terrain comme il est prévu dans l'atterrissage de précision, moteur arrêté, en ayant soin de manœuvrer aussi près que possible de la lisière à franchir, afin d'éviter d'être trop court, et par suite, de heurter l'obstacle sur la lisière d'accès. Il vaut mieux, en effet, être long et aller rencontrer en fin d'atterrissage les obstacles de la lisière opposée, qu'être court et heurter avec une certaine vitesse les obstacles à franchir sur la lisière d'accès.

104. *Le départ sur un terrain court face à un obstacle élevé est formellement interdit.* Si le terrain présente une issue dégagée, retarder le départ jusqu'au moment où le

Il vaut mieux être long et aller rencontrer en fin d'atterrissage, les obstacles de la lisière opposée, qu'être court et heurter, en pleine vitesse, les obstacles à franchir sur la lisière d'accès.

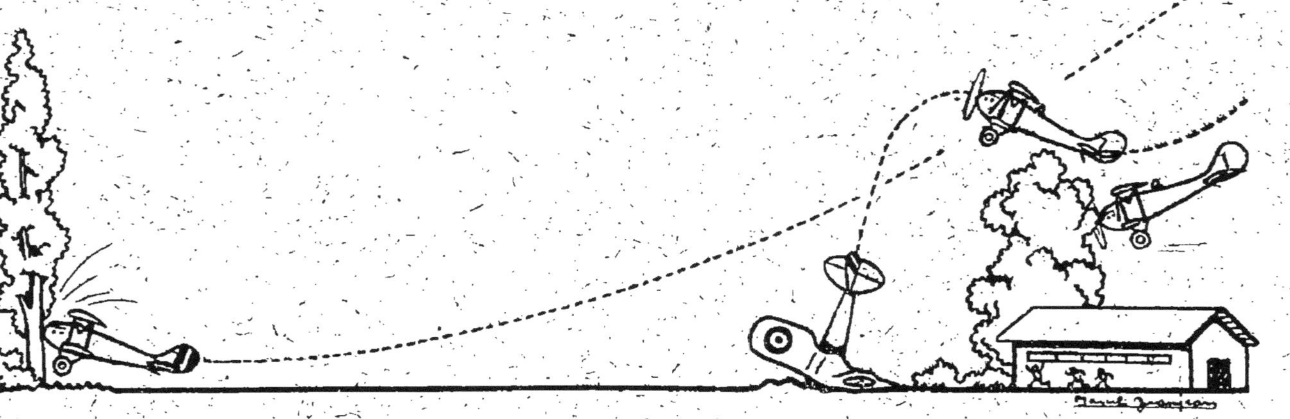

ATTERRISSAGE, HÉLICE CALÉE, SUR UN TERRAIN COURT.

Direction du vent.
DÉPART SUR UN TERRAIN MOU.

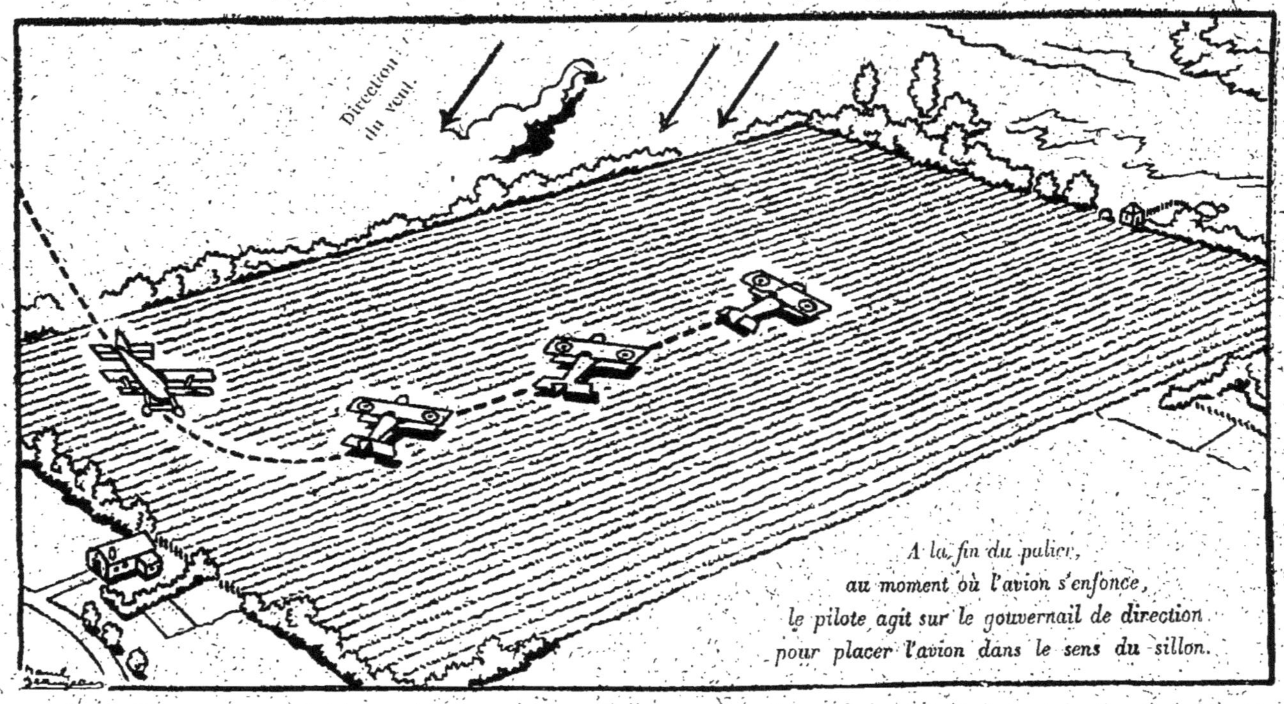

ATTERRISSAGE, VENT DE CÔTÉ, SUR UN TERRAIN À SILLONS.

vent devenant favorable ou disparaissant complètement, il sera possible de partir dans cette direction. Dans le cas contraire, ne pas hésiter à demander le démontage de l'avion.

105. Atterrissage et départ sur un terrain mou. — L'atterrissage sur un terrain mou se fait dans les mêmes conditions que l'atterrissage de campagne, afin de rouler le moins possible.

Le départ sur un terrain mou ne sera pris que lorsque le pilote aura vérifié, de la façon suivante, que l'avion peut rouler et prendre sa vitesse de décollage sans risquer de capoter. Les cales de roues ayant été enlevées, et, s'il y a lieu, l'avion avancé à la main pour lui permettre de démarrer, et le levier de commande étant complètement en arrière, mettre les gaz progressivement. Si la queue de l'avion tend à se soulever avant que l'avion ait démarré, le départ n'est pas possible sans danger. Si, au contraire, l'avion commence à rouler avant que la béquille se soit soulevée du sol, le départ est possible, mais en prenant toutefois certaines précautions.

Contrairement à ce qui a été prescrit pour le départ sur un sol normal, *ne pas pousser le levier de commande en avant, au début du démarrage de l'avion. Attendre pour commencer cette manœuvre que les roues soient suffisamment allégées et que l'avion roule franchement. Chercher ensuite à décoller avec la queue basse et rendre aussitôt la main pour prendre de la vitesse.* Il est prudent, lorsque le sol est gras, d'enlever la terre adhérente aux roues avant le départ, et de s'assurer que celles-ci tournent normalement.

106. Atterrissage et départ, vent de côté. — Un pilote ne doit atterrir ou partir vent de côté que si les dimensions du terrain ou la nature des obstacles qui le bordent ne permettent pas l'atterrissage ou le départ face au vent.

Pendant le palier qui précède l'atterrissage, tenir le cap de l'avion correspondant à la dérive, pour rester sur la bande d'atterrissage (marche en crabe). Au moment précis où l'avion s'enfonce et va se poser sur les roues, agir sur le gouvernail de direction pour placer l'avion dans le sens de la bande d'atterrissage. Pendant que l'avion roule au sol, tenir le levier de commande complètement en arrière, et agir sur le gouvernail de direction pour empêcher l'avion de tourner face au vent. En fin de course, quand l'avion roule lentement, compléter, si cela est nécessaire, l'action du gouvernail de direction par une action des ailerons.

Le départ vent de côté se fait en ouvrant franchement la manette des gaz, pour donner, le plus tôt possible, de la vitesse à l'avion. Pendant que l'avion roule, résister à l'action du vent qui tend à faire tourner l'avion par une action sur le gouvernail de direction, complétée, s'il y a lieu, par une action des ailerons. Maintenir l'avion au sol jusqu'à ce qu'il ait atteint le maximum de vitesse, décoller ensuite franchement et se placer face au vent dès que possible.

107. Atterrissage et départ sur un terrain à sillons. — Lorsque le vent est nul ou orienté exactement dans le sens des sillons, l'atterrissage et le départ se font comme sur un terrain ordinaire. Il est nécessaire, toutefois, que l'écartement des sillons permette aux roues de rouler dans les raies et que la profondeur de celles-ci ne soit pas trop grande pour que l'essieu ne touche pas le sommet des ailerons.

Lorsque le vent souffle de côté, par rapport à la direction des sillons, l'atterrissage et le départ, face au vent, sont absolument impossibles sans risquer un accident. Dans ce cas, l'atterrissage et le départ ne peuvent se faire que dans le sens des sillons, et en manœuvrant comme il est prévu pour l'atterrissage et le départ vent de côté.

4º Préparation aux missions de guerre.

108. Passage à la verticale d'un point fixé sur le sol. — Cette manœuvre de pilotage prépare directement le pilote à l'exécution d'une mission photographique d'un tir ou d'un bombardement.

Le moyen le plus sûr de survoler avec précision un point fixé sur le sol est de se diriger sur ce point, dans le sens du vent (1), autant que possible vent debout, en ayant soin de prendre des points de repère éloignés qui serviront à donner la direction de marche à partir du moment où le point à survoler disparaîtra sous l'avion.

109. Survol d'une ligne droite. — Lorsque la ligne à survoler est parallèle à la direction du vent, l'exercice se fait dans les mêmes conditions que le précédent.

Quand le vent a une direction oblique par rapport à la ligne à survoler, cet exercice, en raison de la dérive, présente de sérieuses difficultés.

Avant d'essayer de survoler la ligne droite, le pilote doit se rendre compte de l'intensité de vent à l'altitude de vol et de sa direction par rapport à celle qu'il doit suivre.

Après avoir placé son avion dans le prolongement de la ligne droite à survoler, le pilote, tout en continuant à observer cette droite, braque progressivement son avion vers le vent, jusqu'au moment où il constate que la dérive est nulle. A ce moment, cesser de virer vers le vent et voler avec toutes les commandes dans leurs positions normales. S'assurer à tout instant que l'avion survole bien la ligne fixée et corriger, s'il y a lieu, les écarts, en augmentant ou en diminuant l'angle de route.

---

(1) Le pilote voit qu'il est dans le sens du vent lorsque son avion ne subit aucune dérive.

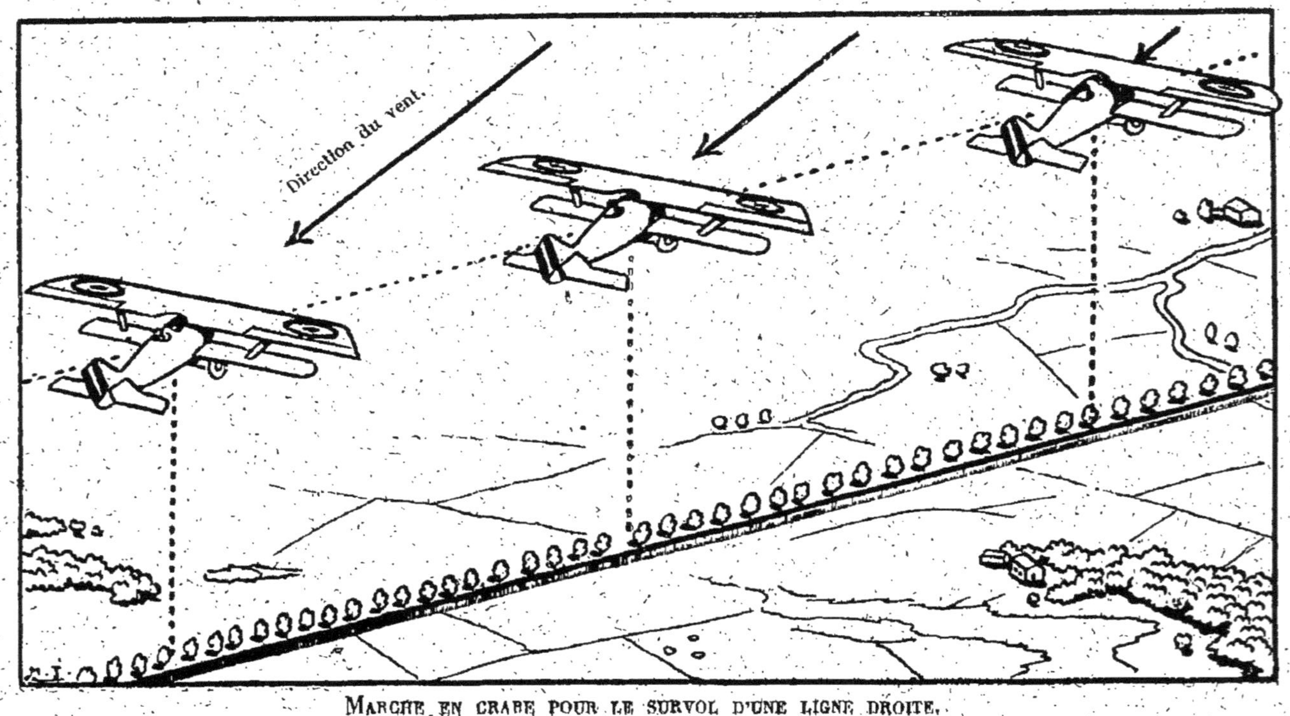

MARCHE EN CRABE POUR LE SURVOL D'UNE LIGNE DROITE.

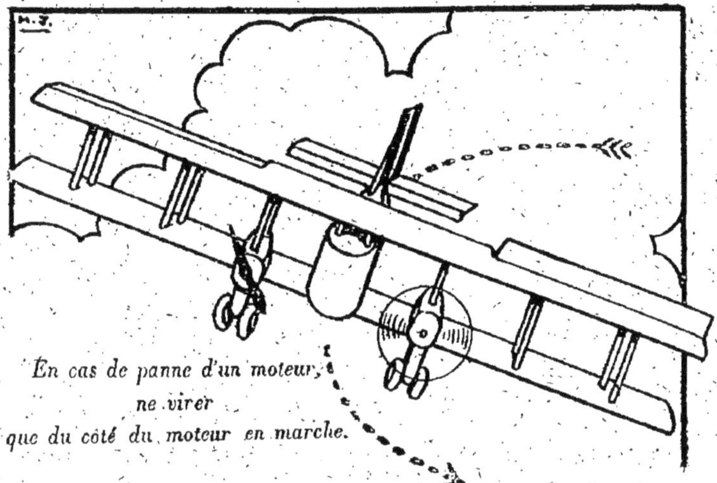

Cet exercice doit être fait en suivant des lignes droites très apparentes telles que : canaux, voies ferrées et routes. On l'appelle communément la « marche en crabe ».

110.   E. — PARTICULARITÉS DU VOL
SUR LES AVIONS MULTIMOTEURS.

On n'envisagera ici que la conduite d'un avion bi-moteur. Les principes énoncés pourront d'ailleurs s'appliquer au pilotage des avions munis d'un nombre plus élevé de moteurs.

111. Réglage des moteurs au point fixe. — Autant que possible, régler les commandes des gaz de telle façon qu'à des dispositions identiques des manettes sur leurs secteurs, correspondent des régimes égaux.

Mettre les deux moteurs en marche et les laisser tourner au ralenti pour les faire chauffer.

Quand un des moteurs a atteint la température exigée, l'essayer en laissant l'autre moteur tourner au ralenti. Mettre ensuite au ralenti le moteur qui vient d'être essayé, et procéder à l'essai du second.

112. Le pilotage. — Le pilotage des avions bi-moteurs est sensiblement le même que celui des avions mono-moteurs. Il ne diffère que dans la conduite de l'avion au sol où, pour changer de direction, il faut réduire le moteur qui se trouve du côté du virage et accélérer l'autre très progressivement.

113. Cas de panne d'un moteur. — Lorsque l'arrêt d'un moteur se produit au départ à une altitude inférieure à 200 mètres, ne pas hésiter, si c'est nécessaire, à couper les contacts des deux moteurs et à atterrir droit devant soi.

Ne pas virer du côté du moteur arrêté

Lorsque la panne d'un moteur se produit en cours de vol, deux cas sont à envisager, suivant que l'avion peut tenir ou non la ligne de vol avec un seul moteur restant en marche.

Dans le premier cas, la manœuvre à faire est la suivante : rendre la main et réduire les gaz des deux moteurs. Remettre ensuite très progresseivement les gaz du moteur en état de marche, en même temps remettre l'avion en ligne de vol tout en agissant convenablement sur le palonnier et le levier de commande du côté du moteur qui tourne (1). Dans la suite du vol, maintenir cette correction et *ne jamais virer du côté du moteur arrêté*, manœuvre toujours délicate qui peut entraîner rapidement la vrille. Pour virer, rendre la main, réduire le moteur en état de marche, et faire le virage du côté de ce dernier moteur.

Sur les avions qui ne peuvent pas tenir la ligne de vol avec un seul moteur, la manœuvre initiale est la même, mais il faut rester en descente sous l'angle qui convient pour prolonger le vol le plus longtemps possible.

----

(1) Eventuellement, agir sur la dérive réglable, s'il en existe une.

F. — EXERCICES
DE VOLTIGE AÉRIENNE.

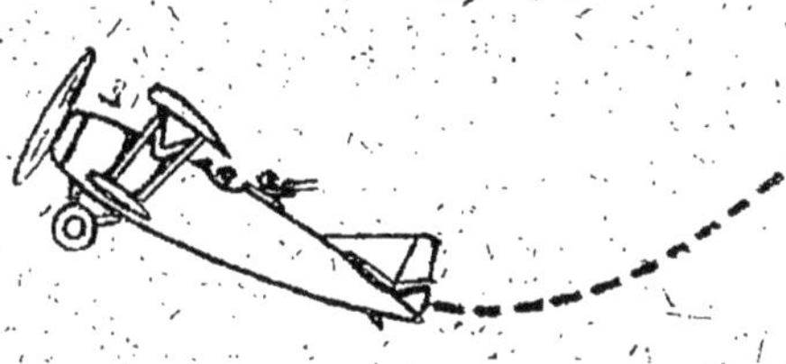

LA RESSOURCE NORMALE.

114. Les manœuvres de voltige aérienne donnent au pilote de chasse la maîtrise de son avion et certaines d'entre elles peuvent être utilisées dans le combat aérien.

Elles comprennent : la *descente en piqué*, la *vrille*, le *virage à grande inclinaison*, la *glissade sur l'aile*, le *renversement*, le *retournement*, le *tonneau* et la *boucle*.

115. Les avions utilisés pour la voltige aérienne doivent être en excellent état et vérifiés complètement après chaque vol. La tension des câbles de cellule et de traînée, et les points d'attache de ces câbles doivent être, en particulier, l'objet d'une visite sérieuse.

116. Les manœuvres de voltige aérienne peuvent provoquer, chez certains pilotes fatigués, ou mal disposés, des troubles physiologiques dont les conséquences sont toujours très graves. C'est pour cette raison qu'un pilote ne doit jamais hésiter, s'il ne dispose pas momentanément de tous ses moyens, à vaincre son amour-propre et à ne pas faire de voltige aérienne. De son côté, avant chaque séance, le commandement doit s'assurer, avec une attention toute particulière, de l'état physique et moral des pilotes.

117. Descente en piqué. — Elle s'exécute suivant les mêmes principes que la descente normale, mais avec une inclinaison plus grande. Les considérations suivantes obligent à limiter l'accentuation et la longueur du piqué.

118. Les avions de grande finesse peuvent, dans les piqués, prendre des vitesses considérables et supporter, de

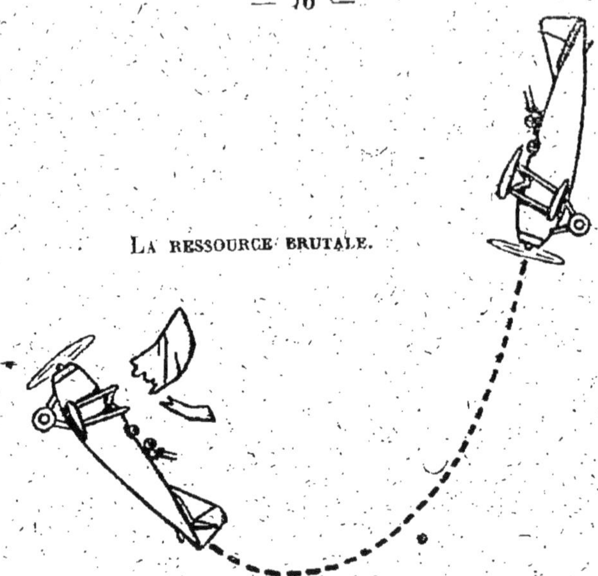

ce fait, des efforts supérieurs à ceux pour lesquels ils ont été construits.

Il est indispensable que tout pilote connaisse parfaitement la *vitesse critique* qu'il ne doit jamais dépasser.

Cette vitesse spéciale à chaque type d'avion, est inscrite sur une plaque fixée sous le regard du pilote.

Dans les descentes en piqué, les pilotes règlent l'inclinaison de leur avion et le régime de leur moteur de façon à se tenir au-dessous de la vitesse critique.

119. *La ressource* est la manœuvre qui consiste à redresser l'avion à la suite d'un vol piqué. Elle doit toujours être *exécutée sans brutalité* et suivant les règles énoncées pour le redressement de l'avion dans l'atterrissage.

120. Vrille. — *La vrille résulte toujours d'une perte de vitesse.* Un avion en perte de vitesse totale, s'il suit en air calme une trajectoire rectiligne, s'il est bien réglé, et si toutes les commandes sont exactement à leur place normale, fait une abatée sur le moteur, suivant un plan sensiblement vertical. Par contre, si, au moment de la perte de vitesse, l'avion est en virage ou déséquilibré par un remous, ou encore si les commandes de gauchissement et de direction ne sont pas dans leur position normale, l'avion, en faisant son abatée, bascule sur l'aile et se met en vrille du côté vers lequel il est sollicité.

121. Pour exécuter volontairement la vrille, il faut :

1° Se mettre en perte de vitesse totale. A cet effet, réduire les gaz et ramener progressivement le levier de commande complètement en arrière;

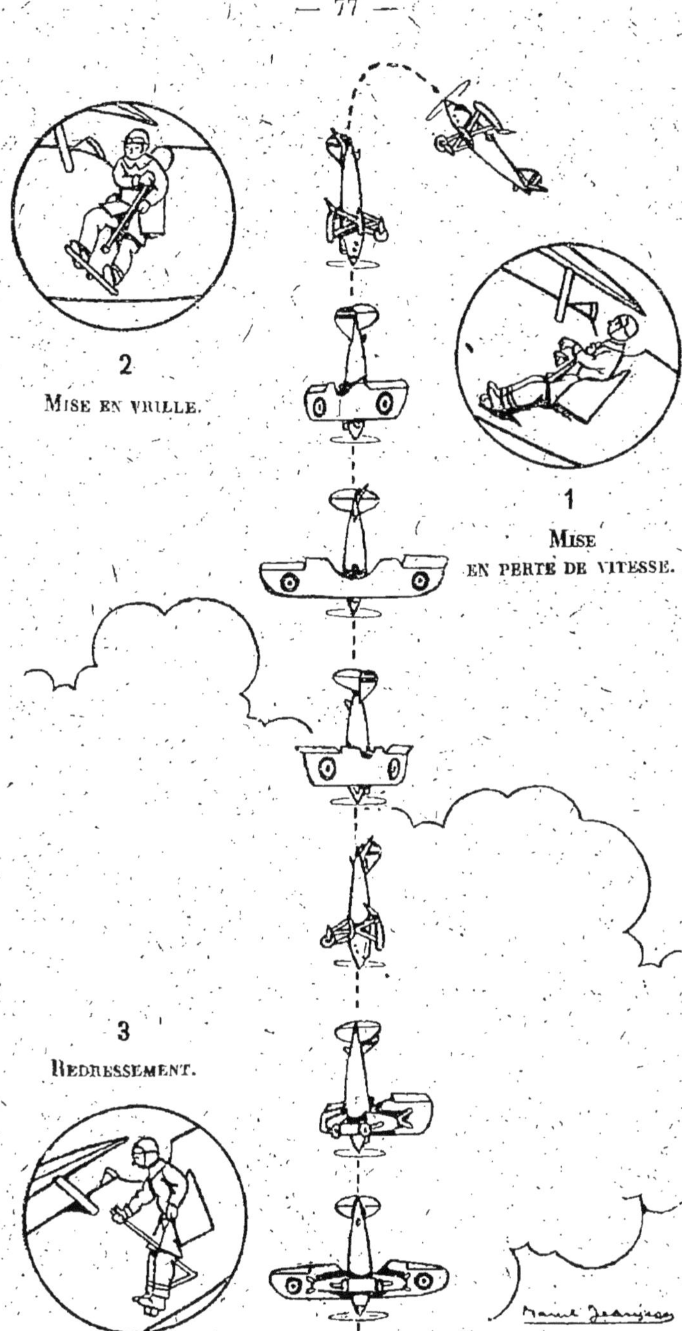
2
MISE EN VRILLE.
1
MISE
EN PERTE DE VITESSE.
3
REDRESSEMENT.
LA VRILLE.

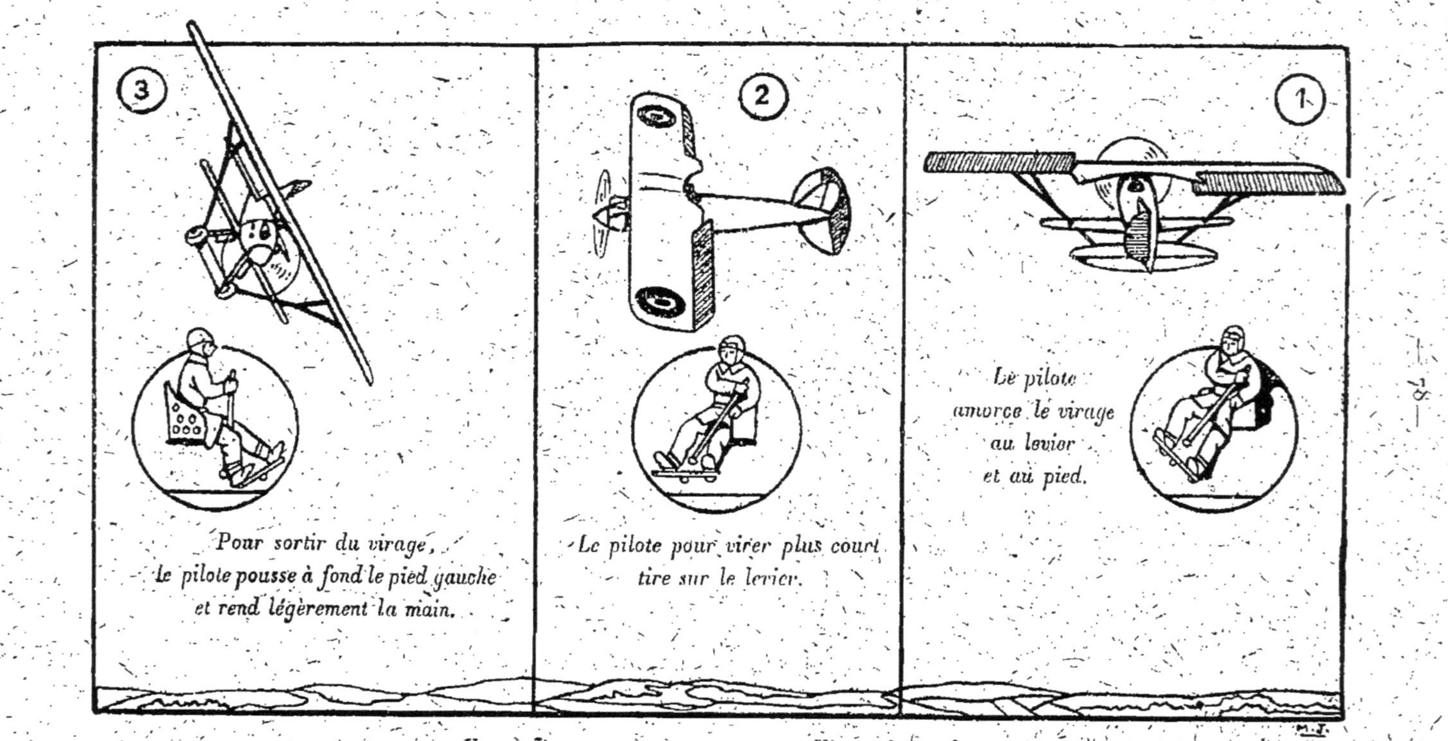
3
Pour sortir du virage,
le pilote pousse à fond le pied gauche
et rend légèrement la main.
2
Le pilote pour virer plus court
tire sur le levier.
1
Le pilote
amorce le virage
au levier
et au pied.
VIRAGE A GRANDE INCLINAISON. — Virage à gauche.

2° Dès que l'avion est sur le point de faire son abatée, pousser le palonnier à fond du côté vers lequel on veut vriller et incliner à fond le levier de commande du même côté, tout en le maintenant en arrière.

Tant que les commandes sont maintenues dans les positions indiquées ci-dessus, l'avion continue à vriller.

122. Pour arrêter la vrille, ramener les commandes dans leur position normale et pousser franchement le levier de commande en avant jusqu'à la position du piqué normal. Dès que l'avion a cessé de vriller, attendre qu'il ait repris sa vitesse de sustentation et le redresser ensuite en ramenant très progressivement le levier vers l'arrière, suivant la méthode exposée plus haut, pour enrayer une chute consécutive à une perte de vitesse.

L'arrêt de la vrille n'est jamais instantané; le temps nécessaire à l'arrêt varie avec chaque type d'avion.

Nota. — Si, sur certains avions, le pilote cherche à redresser son avion avant qu'il n'ait repris sa vitesse de sustentation, la vrille normale sur le nez peut se transformer en *vrille lente à plat* autour d'un axe sensiblement perpendiculaire aux plans des ailes.

Pour sortir de cette vrille, opérer comme il a été dit plus haut en hâtant la reprise de vitesse de l'avion par une augmentation progressive de la puissance du moteur.

123. Virage à grande inclinaison. — Plus le pilote veut serrer un virage, plus il doit incliner son avion. Dans le cas d'une forte inclinaison, l'action du palonnier se substitue nettement à celle de la commande de profondeur pour agir sur la vitesse relative de l'appareil et l'action sur la commande de profondeur tend à agir sur le rayon du virage.

La substitution des deux actions est complète quand le virage est fait à la verticale.

124. En conséquence, pour exécuter un virage à grande inclinaison et jusqu'à la verticale :

1° Incliner l'avion du côté où l'on veut virer, et amorcer simultanément le virage au pied;

2° Lorsque l'inclinaison se rapproche de 45°, ramener le pied qui a servi à amorcer le virage et, simultanément, tirer le levier de commande à soi pour maintenir l'avion en virage. Pour conserver un rayon constant de virage, tirer ou pousser, suivant le cas, sur le levier de commande, tout en maintenant l'inclinaison de l'appareil à sa valeur correcte par une action simultanée sur le gauchissement. Agir sur le palonnier du côté de l'aile abaissée, si on veut faire piquer l'avion.

Quand le virage est correct, le pilote doit avoir la sensation d'être appliqué d'aplomb sur son siège.

Pour sortir du virage, pousser à fond le palonnier du côté de l'aile inclinée tout en rendant la main.

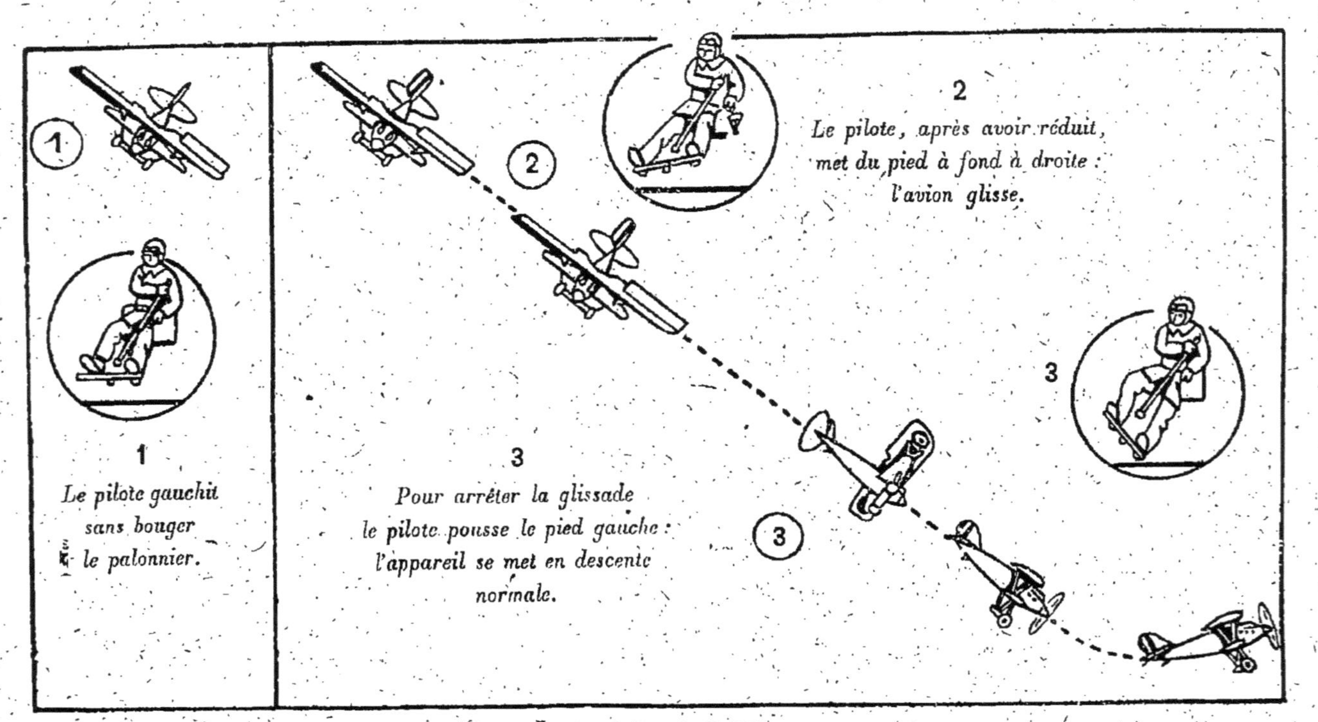

LA GLISSADE SUR L'AILE.

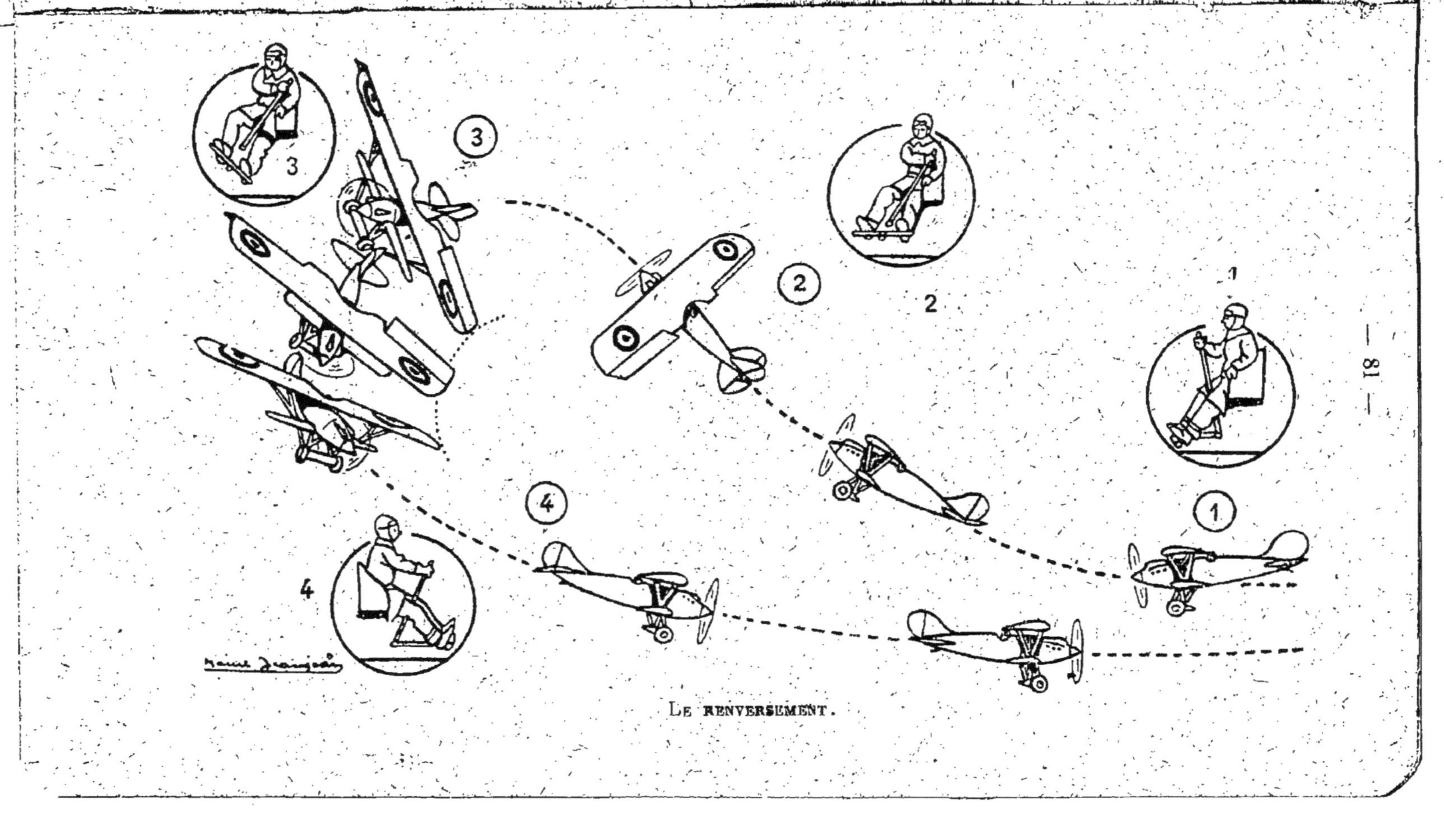
LE RENVERSEMENT.

125. Il est recommandé de ne pas exécuter de virage à la verticale, au maximum de régime du moteur, ce qui pourrait entraîner une fatigue inutile de l'avion.

126. Glissade sur l'aile. — Pour se mettre en glissade :

1° Commencer par incliner l'appareil sur l'aile, en se servant uniquement du gauchissement et sans bouger le palonnier, l'action sur le levier de commande étant d'autant plus marquée que la glissade doit être plus inclinée ;

2° Mettre aussitôt son moteur au régime légèrement inférieur à celui nécessaire à la sustentation de l'avion ;

3° Mettre du pied opposé à fond de course et sans brutalité.

Si l'appareil a tendance à tourner, pousser le levier de commande vers l'avant.

127. Pour arrêter la glissade, ne jamais redresser en ramenant le levier au milieu, ce qui fatigue beaucoup la voilure.

Il suffit :

1° De réduire le moteur à l'extrême ralenti ;

2° De donner du pied du côté où l'on glisse, soit, en somme, « piquer dans le trou ». L'appareil prend aussitôt la position de descente.

Se remettre alors à plat en ligne de vol et redonner des gaz.

La glissade peut être utilisée pour perdre de la hauteur avant l'atterrissage.

Le pilote manœuvre d'abord son appareil de façon à le placer vent de côté, le terrain sur lequel il veut atterrir étant sous le vent par rapport à lui. Il effectue une glissade du côté du terrain sans perdre celui-ci de vue ; quand il juge la hauteur perdue suffisante, il arrête la glissade, fait un virage pour se mettre face au vent et atterrit.

128. Renversement. — Le renversement est un changement de direction rapide de 180°.

La manœuvre à effectuer est la suivante :

1° Faire un palier avec un excédent de puissance du moteur, de façon à prendre une vitesse supérieure à la vitesse normale de sustentation ;

2° Exercer une traction sur le levier de commande pour placer l'avion en montée sous un angle de 30° environ. A ce moment, continuer la traction sur le levier de commande tout en inclinant l'avion aux ailerons du côté du renversement ;

3° Quand l'avion, sous l'action des ailerons, a commencé le virage, pousser sur le palonnier du côté du renversement pour faire basculer l'avion et réduire les gaz ;

4° Dès que l'avion a basculé, remettre les commandes dans leurs positions normales en descente, tout en dirigeant, s'il y a lieu, l'avion au moyen du palonnier pour se

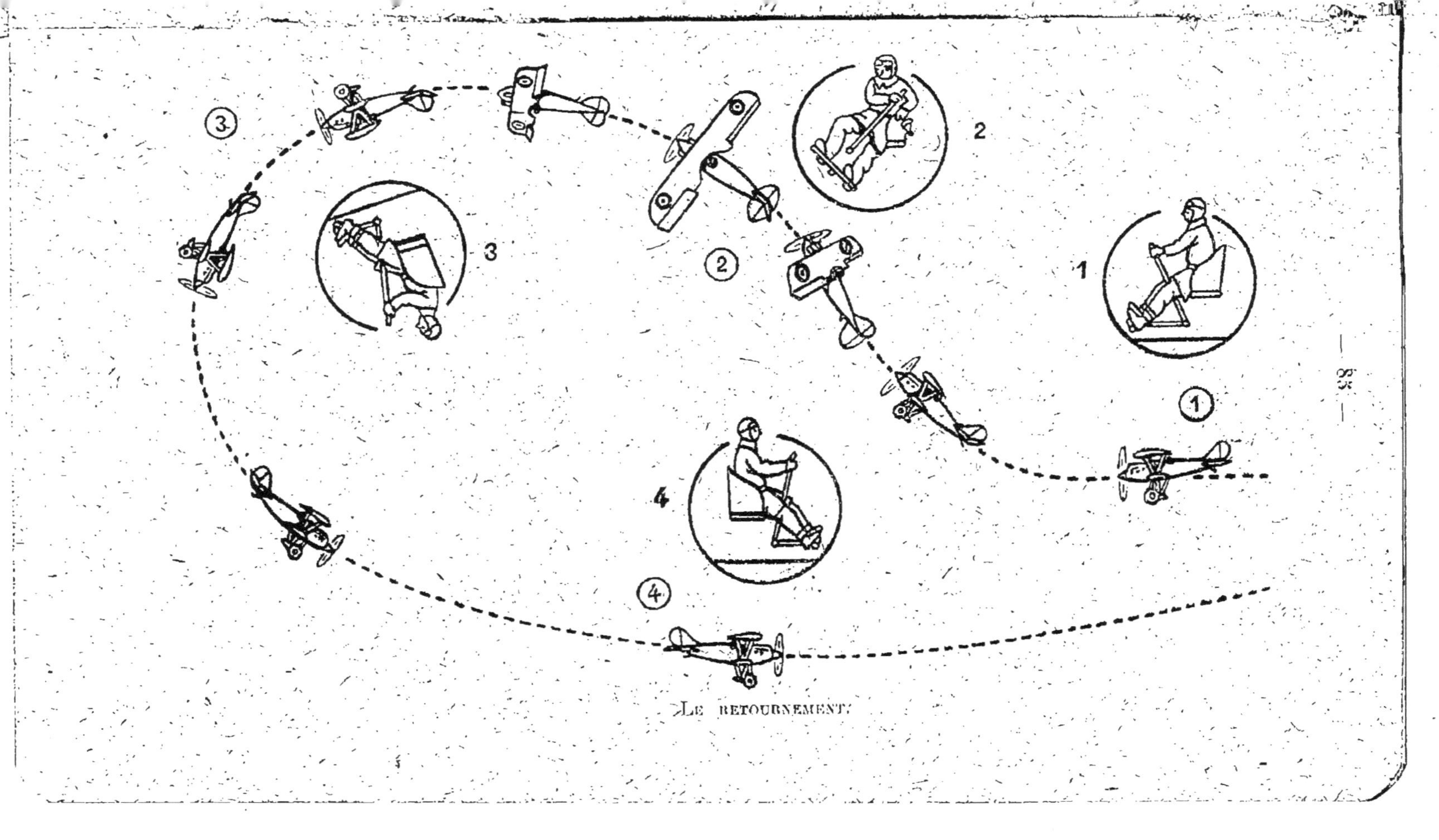

LE RETOURNEMENT

LE TONNEAU.

retrouver, en fin de manœuvre, dans une direction parallèle et diamétralement opposée à la direction initiale;

5° Redresser l'avion en remettant progressivement les gaz.

Ces mouvements doivent être faits rapidement, mais sans brutalité.

Si, à l'origine, l'excédent de vitesse est trop faible, l'avion n'exécute qu'un demi-renversement et fait une abatée sur le moteur.

129. Retournement. — Le retournement est un changement de direction de 180° en passant sur le dos.

La manœuvre à effectuer est la suivante :

1° Faire un palier avec un excédent de puissance du moteur, de façon à prendre une vitesse supérieure à la vitesse normale de sustentation;

2° Exercer une traction sur levier de commande pour placer l'avion en montée sous un angle de 45° environ; ensuite, pousser franchement sur le palonnier du côté du retournement, en aidant l'avion par une action latérale du levier du même côté et en fermant les gaz. L'avion passe sur le dos;

3° Quand l'avion est sur le dos, ramener le palonnier et le levier au milieu tout en maintenant celui-ci en arrière;

4° Laisser basculer l'avion en maintenant le levier en arrière et ne rendre la main que quand l'avion remonte et se rapproche de la ligne de vol. Remettre ensuite progressivement les gaz.

130. Tonneau. — Pour faire un tonneau, procéder de la même façon que pour le retournement, mais :

— cabrer un peu moins;

— pousser un peu plus sur le palonnier.

Enfin, conserver le pied un peu plus longtemps, c'est-à-dire ne ramener le palonnier au milieu que lorsque l'appareil a fait le tonneau, qui est, en réalité, un tour de vrille horizontal.

131. Boucle. — Pour faire la boucle :

1° Se mettre en vol horizontal et prendre un excédent de vitesse;

2° Tirer le levier à soi progressivement durant la première moitié de sa course et terminer cette manœuvre par un mouvement rapide. Au cours de la boucle, veiller à ce que l'avion ne penche ni à droite, ni à gauche; agir en conséquence, s'il y a lieu, sur le palonnier;

3° Quand on revoit le sol, fermer les gaz à fond.

Pendant toute cette manœuvre, conserver le levier complètement en arrière, et le palonnier au milieu.

En fin de boucle, quand l'avion commence à remonter, pousser sur le levier pour se placer en ligne de vol. Remettre en même temps, progressivement, les gaz.

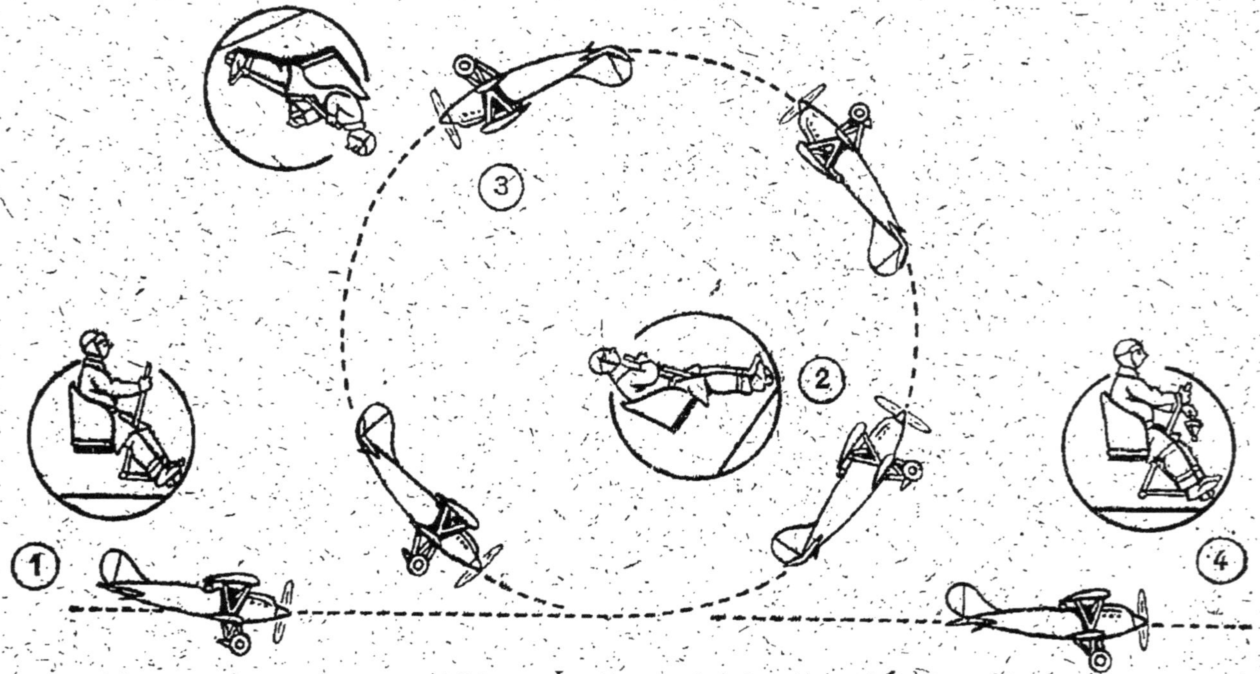

1
2
3
4
LA BOUCLE.

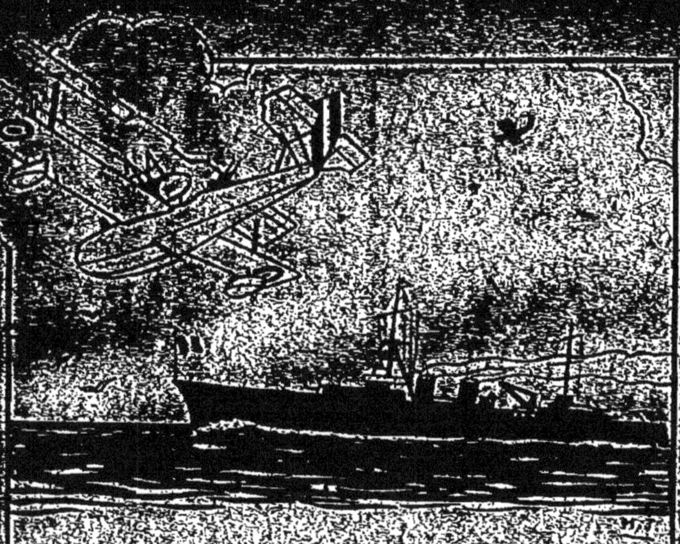

CHAPITRE I bis

PARTICULARITÉS RELATIVES
A LA CONDUITE DES HYDRAVIONS.

La conduite d'un hydravion en vol se fait suivant les mêmes règles que celle d'un avion. Les seules manœuvres spéciales à ce genre d'appareils concernent le déplacement sur l'eau, le départ et l'amerrissage. Ces manœuvres seront indiquées dans le présent chapitre. [...] traité de la conduite [...] exécuter en [...]

DIFFÉRENTS TYPES D'HYDRAVIONS.

Le ballonnet de gauche crevé, l'hydravion est en danger de chaviremen t.

Lorsqu'on ajoute des roues relevables aux flotteurs ou à la coque de l'hydravion, on l'appelle hydravion amphibie. Il peut être, alors, indifféremment utilisé sur terre ou sur eau.

A. — VÉRIFICATION DES HYDRAVIONS.

134. Les règles générales de vérifications sont les mêmes que pour les avions ; les points suivants sont, toutefois, spécialement à examiner.

1° *Coques et flotteurs principaux.* — Les coques et flotteurs sont soumis à de violents chocs au décollage et à l'amerrissage, particulièrement dans la grosse mer.

Les coques ou flotteurs doivent donc être toujours soigneusement examinés à l'intérieur et à l'extérieur. Toute amorce de rupture constatée dans les membrures ou longerons doit être réparée immédiatement : les boursouflages ou déformations des bordés, des contreplaqués, dus à l'humidité sont à surveiller et à réparer le plus tôt possible.

Le pilote doit s'assurer que les ouvertures de coque (sortie d'antenne, trappe photographique) sont bouchées et bien étanches.

2° *Ballonnets de bouts d'ailes.* — Un ballonnet de bout d'aile qui fait de l'eau en quantité importante ou qui est arraché, cause le chavirement d'un hydravion à coque et met un hydravion à flotteurs en mauvaise posture.

Le pilote doit donc s'assurer que les ballonnets de bout d'aile sont en parfait état, ainsi que leurs points d'attache.

3° *Hélices.* — Lors des manœuvres à l'eau, des embruns projetés dans les hélices peuvent provoquer le décollage des blindages ou des avaries aux pales. Il convient, en conséquence, de surveiller et d'entretenir tout particulièrement les hélices.

4° *Dispositifs de remorquage.* — Les points d'attache des remorques doivent être examinés.

5° *Équipement de croisière.* — Le pilote doit s'assurer que le matériel de mouillage et de croisière (ancre, ancre flottante, filins, etc.) est bien embarqué.

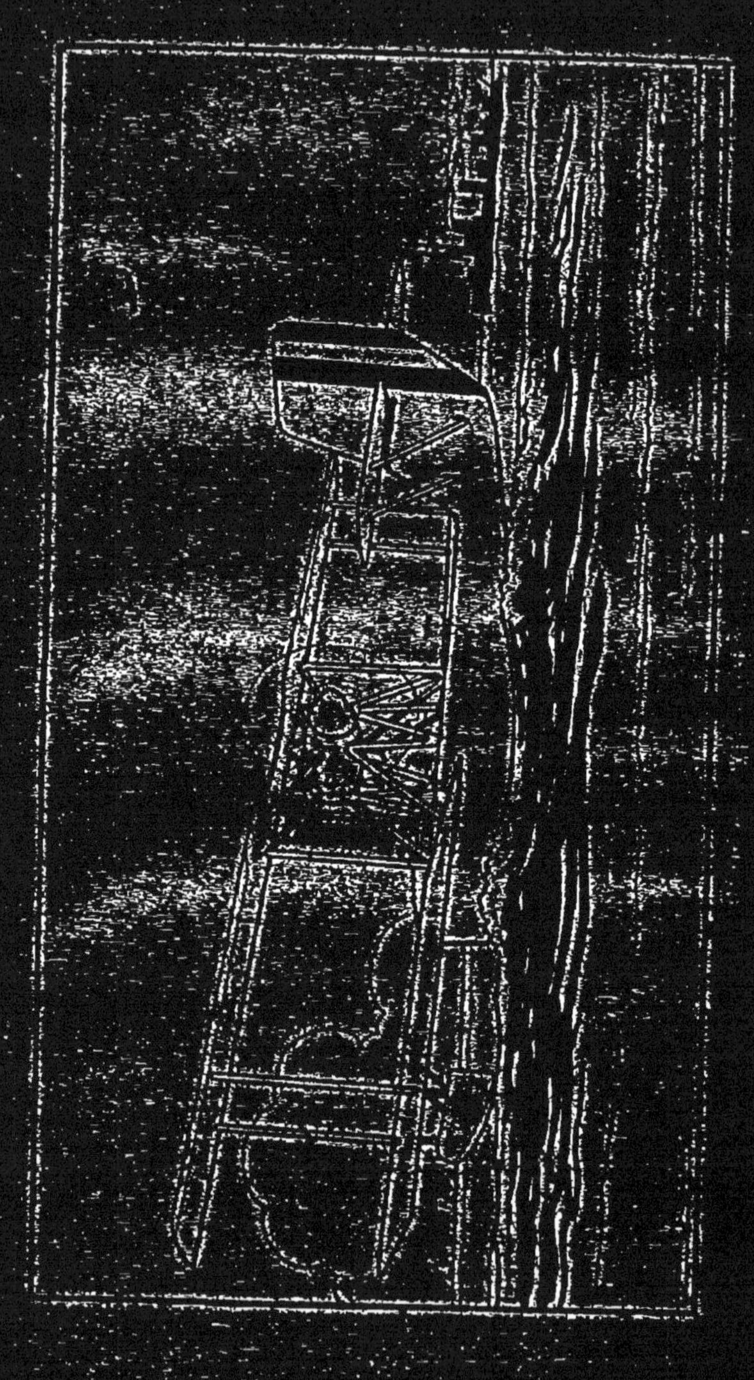

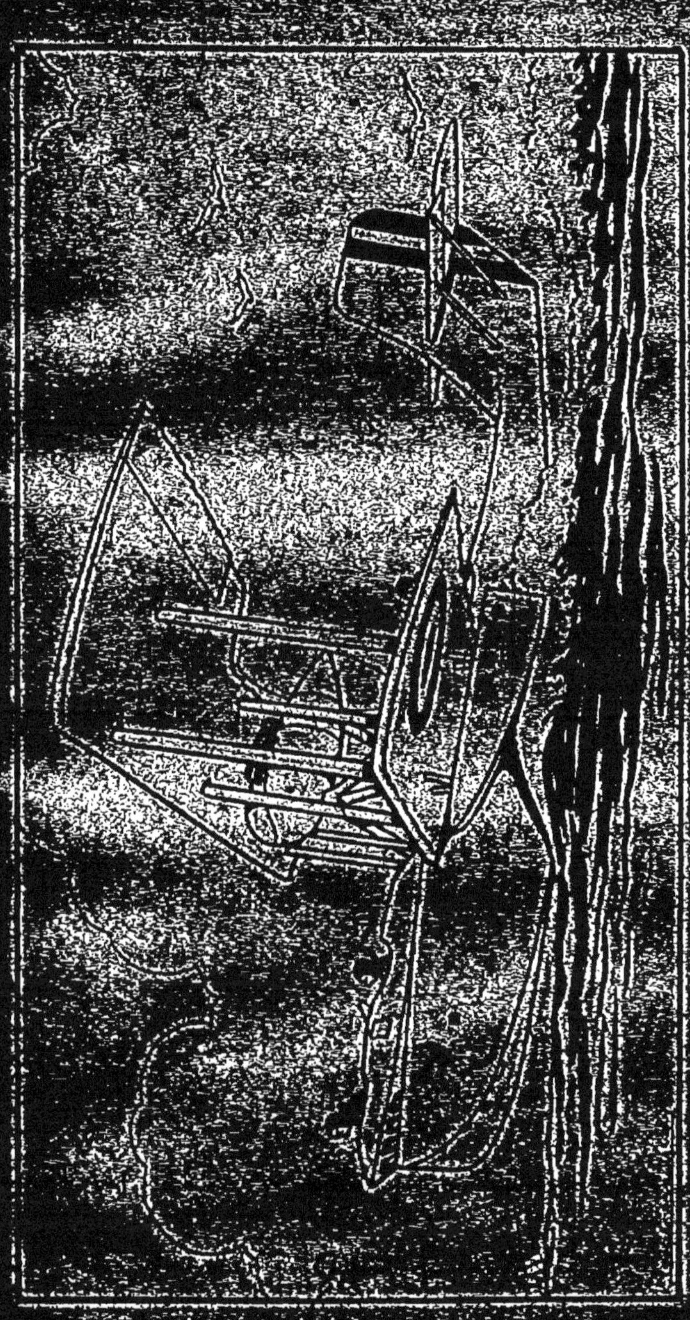

6° *Parties métalliques.* — Les parties métalliques d'un hydravion étant exposées à l'air salin et à l'eau de mer sont à surveiller de très près. Tout commencement de rouille ou de corrosion est à arrêter aussitôt par les moyens appropriés (grattage, peinture).

135. *Mise en marche et conduite des moteurs.* — Les règles indiquées pour la mise en marche et la conduite des moteurs des avions sont applicables à ceux des hydravions.

L'essai au point fixe des moteurs des hydravions est fait avant la mise à l'eau.

Sauf des cas spéciaux (mise à l'eau par slip, manque de place), les moteurs des hydravions sont, en général, mis en marche et réchauffés en hydroplanant au ralenti.

B. — CONDUITE DES HYDRAVIONS SUR L'EAU :
HYDROPLANAGE.

136. Le déplacement de l'hydravion sur l'eau par ses moyens s'appelle *l'hydroplanage.*

L'hydroplanage peut se faire soit avec l'appareil (coque ou flotteurs) *dans les lignes d'eau,* soit déjaugé ou autrement dit *sur le redan.*

Sauf en cas de nécessité, comme pour rejoindre rapidement la côte en cas d'avarie à la coque, *on ne doit hydroplaner avec l'appareil sur le redan que pour le décollage,* car, dans cette position, par suite de la grande vitesse, la coque ou les flotteurs fatiguent énormément et la rencontre du moindre objet flottant peut produire de graves avaries.

Un hydravion abandonné à lui-même s'oriente le plus généralement vent debout.

L'on peut donc hydroplaner vent debout à une faible

VIRAGE À L'EAU, PAR VENT, D'UN HYDRAVION À COQUE.

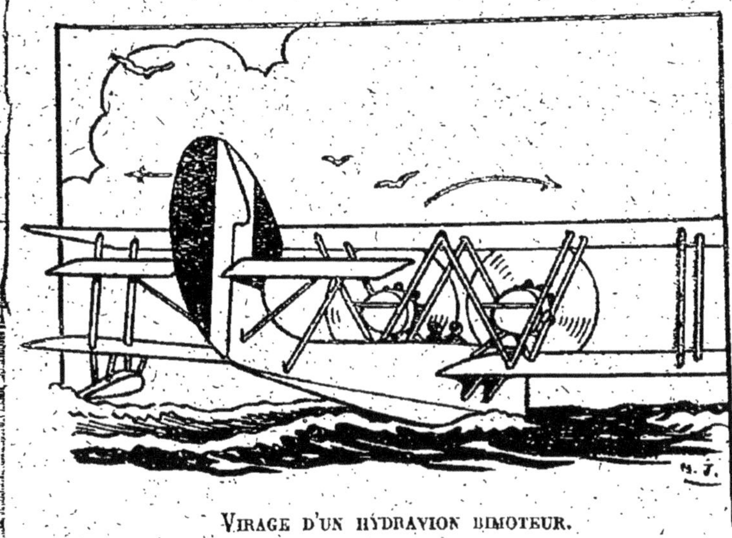

VIRAGE D'UN HYDRAVION BIMOTEUR.

Le pilote, pour tourner à droite, met au ralenti le moteur de droite.

allure du moteur et à petite vitesse, tout en maintenant facilement sa direction.

Au contraire, pour hydroplaner dans toute autre direction, il est nécessaire de mettre le moteur à un régime plus élevé et de prendre une certaine vitesse pour que le souffle de l'hélice donne au gouvernail de direction une action suffisante pour pouvoir gouverner. Ce régime et cette vitesse dépendent évidemment de la force du vent.

Avec les hydravions polymoteurs à moteurs latéraux, le pilote peut hydroplaner très facilement dans n'importe quelle direction en différenciant ses moteurs.

137. Virage à l'eau. — Pour venir vent debout, il suffit au pilote d'agir sur le gouvernail de direction ou de réduire son moteur.

Pour venir dans une autre direction, le pilote doit généralement augmenter l'allure de son moteur et mettre le gouvernail de direction du bord où il veut venir. Si le vent est fort, le pilote doit conjuguer, en outre, l'action des ailerons avec celle du gouvernail de direction, pour pencher son appareil du bord où il veut venir, afin d'immerger son ballonnet; au besoin, il enverra un passager au bout de l'aile.

Avec les hydravions polymoteurs à moteurs latéraux, le virage dans n'importe quelle direction se fait très facilement en mettant au ralenti les moteurs du bord où l'on veut venir et en augmentant l'allure des autres avec manœuvre appropriée du gouvernail de direction.

1. DÉCOLLAGE PAR CLAPOTIS AVEC VENT DE FORCE MOYENNE.

Pilier
DÉCOLLAGE PAR CLAPOTIS — VENT DE FORCE MOYENNE

C. — DÉCOLLAGE.

138. **1° Décollage par clapotis avec vent de force moyenne.** — Le pilote amène son appareil, en hydroplanant, comme il vient d'être dit, au point qu'il a choisi, de façon à avoir devant lui un champ bien dégagé, et place son appareil vent debout.

Si le pilote doit décoller face à la terre, et spécialement si son avion est à pleine charge, il ne doit pas hésiter à prendre le plus grand champ possible, et au moins le champ lui permettant d'atteindre l'altitude minimum de sécurité (100 m.) pour faire un virage avant de s'engager sur la terre.

S'étant assuré que tout fonctionne bien (moteurs, commandes, etc.) et qu'aucun obstacle flottant ne se trouve sur son chemin, il ouvre progressivement en grand les gaz, en tirant sur le levier de profondeur, de façon à déjauger rapidement l'avant de la coque ou des flotteurs.

L'hydravion prend alors de la vitesse et passe de lui-même sur le redan. Le pilote l'aide, au besoin, en poussant très légèrement sur le levier de commande de profondeur.

Quand l'hydravion est sur le redan, le pilote doit tirer sur le levier de commande pour empêcher l'appareil de *faire le marsouin* (1) ; cette traction doit aller en augmentant, au fur et à mesure que la vitesse s'accroît, jusqu'à ce que l'appareil décolle. Le pilote doit décoller son appareil et ne pas chercher à le laisser décoller de lui-même, car l'appareil fatigue beaucoup sur le redan, et il pourrait même arriver qu'il ne décolle pas.

Pendant toute le décollage, le pilote doit veiller à bien maintenir son appareil en direction, et aussi à ne pas décoller penché.

Aussitôt décollé, pousser légèrement sur le levier de commande de profondeur et faire un palier pour prendre de la vitesse.

139. **2° Décollage par calme plat.** — Le décollage est plus long par calme plat.

Le pilote doit, dans ce cas, tirer fortement pour déjauger l'avant et aider au besoin l'hydravion à passer sur le redan en agissant dans le sens voulu sur la commande de profondeur.

140. **3° Décollage par vent moyen et mer houleuse (houle longue).** — Il est préférable, dans ce cas, de décoller vent de travers parallèlement aux dos des vagues.

---

(1) On dit que l'appareil fait le marsouin lorsqu'il est soumis à des oscillations longitudinales, oscillations qui peuvent devenir dangereuses avec un peu de mer et qui, en tous cas, empêchent de décoller.

Le pilote doit faire attention à tenir son appareil en direction : quand la vague passe sous celui-ci, il doit se redresser le plus vivement possible à l'aide des ailerons et du gouvernail de direction.

Aussitôt décollé, il y a intérêt à venir vent debout.

141. 4° Décollage par grosse mer et fort vent. — Cette manœuvre est difficile et exige, de la part du pilote, beaucoup d'habileté et d'expérience. Elle ne doit se faire qu'en cas de nécessité absolue.

Le pilote doit maintenir son appareil vent debout et attendre, en réduisant les gaz, la période du calme relatif qui suit généralement une série de grosses vagues; dès que cette période commence, mettre pleins gaz et tirer graduellement et fortement sur le levier de commande de profondeur, laisser l'appareil prendre de la vitesse, combattre la tendance à rebondir en poussant au besoin sur le levier de commande de profondeur. Dès que l'hydravion est

DÉCOLLAGE PAR MER HOULEUSE.

5.

DÉCOLLAGE PAR GROSSE MER FACE AU VENT.

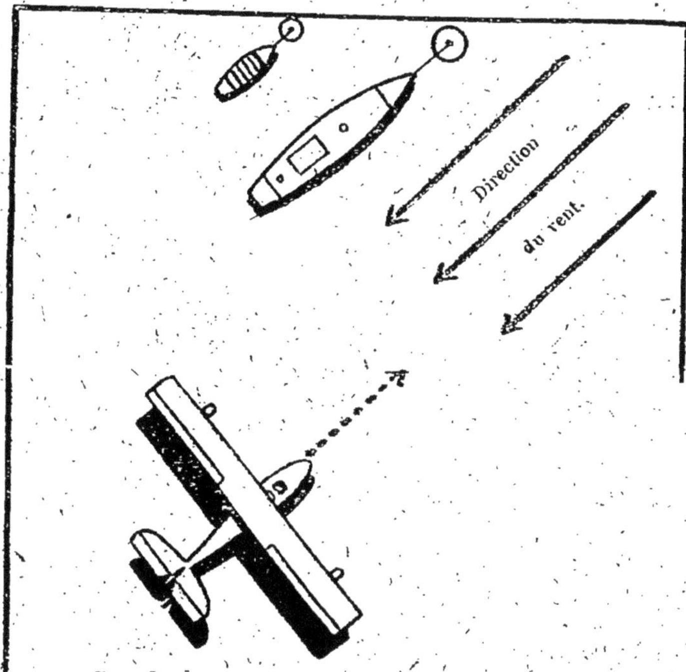

: Dans les mers sans marée ou courant, la direction du vent est indiquée au pilote par l'évitage des bâtiments.

sur le redan, il prendra de la vitesse et aura tendance à décoller en bondissant de dos en dos de vague. Ne le laisser décoller que lorsqu'il a une vitesse suffisante. Sous l'effet des vagues, l'hydravion peut décoller prématurément et retomber; ne jamais rendre la main au moment où il va toucher l'eau, car l'on risque de capoter. Le pilote doit s'armer de patience et ne pas hésiter à réduire ses gaz et à recommencer son décollage, s'il constate que les bonds vont en augmentant et qu'il ne peut atteindre la vitesse suffisante pour tenir en l'air.

D. — AMERRISSAGE.

142. Déterminer la direction du vent.

Dans les mers sans marée ou courant, regarder l'évitage des bâtiments mouillés ou amarrés sur un coffre.

Dans les mers à marée ou à courant, le pilote doit se rappeler que *l'évitage dépend du vent et de la marée ou du courant;* ainsi par fort vent, un navire peut être évité vent de travers ou vent arrière, suivant la force du courant.

L'amerrissage se fait comme l'atterrissage, à la vitesse minimum.

En cas de mirage, le pilote a intérêt à amerrir à proxi-

AMERRISSAGE.

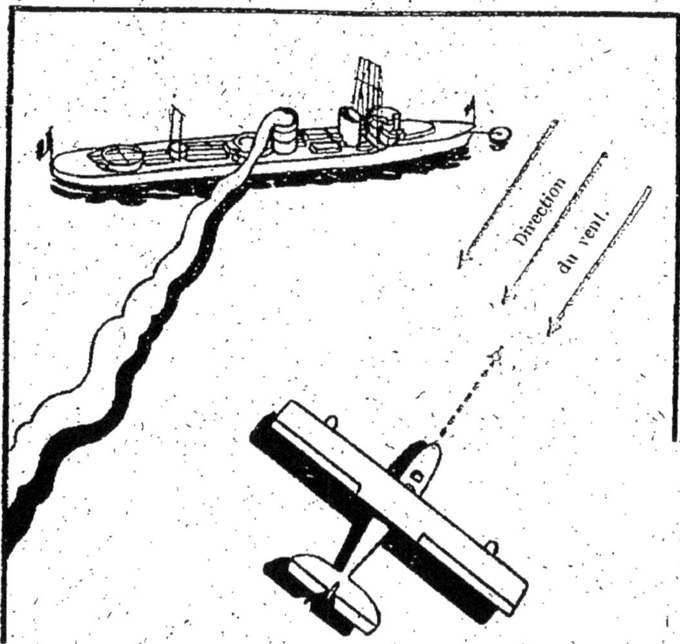

Dans les mers à marée ou à courant,
la direction du vent est indiquée par les fumées, les pavillons, etc.

mité d'objets flottants (bateaux, bouées), **car cela l'aidera
à repérer plus exactement sa hauteur au-dessus de l'eau.**
Il y a intérêt, en outre, à amerrir au moteur.

Amerrissage vent de travers. — Ne doit être fait qu'en
cas de nécessité, lorsque l'espace dont on **dispose** pour
amerrir vent debout n'est pas suffisant.

En ce cas, combattre la dérive par tous les **moyens** dont
on dispose (ailerons, gouvernail de direction) et amerrir
légèrement penché du côté d'où vient le vent.

Amerrissage dans la grosse mer. — Doit se faire à la
vitesse minimum, moteur au ralenti en se mettant en perte
de vitesse auprès de l'eau et face au vent.

E. — MANŒUVRES APRÈS L'AMERRISSAGE.

143. Après l'amerrissage, le pilote **exécute**, suivant le
cas, une des manœuvres suivantes :

1° *S'échouer.* — Pendant l'hydroplanage, le pilote doit
s'assurer que les contacts coupent bien. Au fur et à mesure
qu'il se rapproche du rivage et des petits fonds, il doit
hydroplaner plus lentement; il doit réduire ses gaz en
temps voulu pour échouer son appareil à faible vitesse et
perpendiculairement à la côte;

AMERRISSAGE VENT DE TRAVERS IMPOSÉ PAR LES OBSTACLES.

ÉCHOUAGE À LA PLAGE.

2° *Prendre une bouée.* — Le pilote doit tenir compte du courant et du vent et prendre le cap favorable pour approcher de la bouée à la vitesse minimum, tout en gouvernant bien. Il arrête son moteur en temps voulu pour que le passager puisse attraper le filin fixé sur la bouée et le fixer à la boucle d'étrave, l'hydravion étant sans vitesse;

3° *S'amarrer à une embarcation.* — Le pilote se dirige droit sur l'arrière de l'embarcation qui doit se placer vent debout et manœuvre comme pour prendre une bouée.

PRISE DE BOUÉE.

MANŒUVRE D'AMARRAGE À UNE EMBARCATION.

CHAPITRE II.

ÉVOLUTIONS EN GROUPE.

A. — PRINCIPES.

144. Les évolutions en groupe consistent dans la manœuvre combinée de plusieurs avions volant à un échelonnement déterminé les uns par rapport aux autres, sous la conduite d'un avion guide, placé en tête de la formation. Dans le vol en groupe, chaque pilote règle son échelonnement en intervalle, distance et altitude, par rapport à un avion déterminé de la formation.

Ce triple échelonnement donne au groupe l'articulation nécessaire aux différentes manœuvres. Il correspond à l'échelonnement suffisant pour réaliser la protection mutuelle des avions par le feu tout en évitant le danger de collision. En aucun cas, les avions ne devront être plus serrés que les nécessités d'ordre tactique ne l'imposent; les vols aile à aile sont donc absolument interdits.

145. Le guide doit conduire sa formation à une vitesse telle que les pilotes puissent, à tout moment, augmenter ou diminuer leur propre vitesse. Si le guide marche trop vite, les avions qui se trouvent en retard ne peuvent reprendre leur place en distance et en altitude et les ailes du groupe s'allongent exagérément. Au contraire, si le guide vole trop lentement, les avions qui ont trop serré sur la tête, n'ont plus la possibilité de tenir leur place et doivent sortir de la formation. Le rôle du chef de groupe est donc particulièrement difficile et nécessite un entraînement particulier.

Ces principes s'appliquent à tous les vols d'avions en groupe. Les règles particulières à chacune des spécialités de l'aviation (renseignement, chasse, bombardement), sont exposées dans le règlement de manœuvre de l'aéronautique.

B. — DÉPART DU VOL GROUPÉ.

146. *1° Départ en groupe.* — *Le départ en groupe est le moyen le plus simple et le plus rapide pour réaliser le rassemblement d'un groupe d'avions.*

Cette manœuvre doit être exécutée chaque fois que les dimensions du terrain le permettent.

147. Avant le départ, le chef de la formation désigne le guide, son remplaçant éventuel et donne, à chaque pilote, son numéro d'ordre dans le groupe. Le guide reçoit le n° 1, les avions de l'aile droite reçoivent les numéros pairs de la tête à la queue du groupe, et les avions de l'aile gauche les numéros impairs.

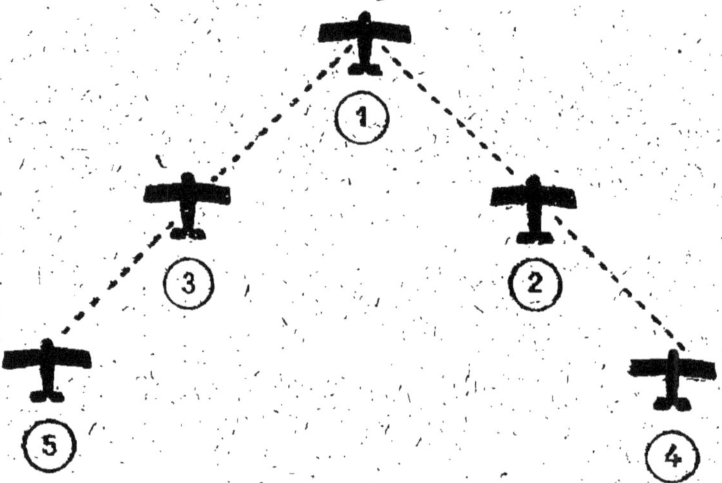

Les avions sont ensuite amenés dans la zone de départ et disposés face au vent, dans la formation prévue, en les échelonnant le plus possible en intervalle. Le temps employé à ce rassemblement doit être aussi court que possible, de façon à éviter de faire tourner trop longtemps les moteurs au ralenti.

Après s'être assuré que tous les pilotes sont prêts, le guide donne le signal du départ, en levant le bras, et part immédiatement. Les pilotes qui sont placés respectivement à droite et à gauche du guide répètent le signal pour le transmettre aux avions qui se règlent sur eux et prennent ensuite eux-mêmes le départ, suivant une direction rigoureusement parallèle à celle de l'avion du guide. Les autres pilotes de la formation partent dans les mêmes conditions, en réglant leur direction parallèlement à celle de l'avion qui les précède.

148. Le pilote qui a une panne en roulant avant d'avoir décollé doit rester dans l'axe prévu pour son départ, de façon à ne pas gêner les avions qui roulent derrière lui.

En cas de panne au départ, après avoir décollé, ne jamais s'écarter de son axe de marche, tant que tous les avions de la formation n'ont pas atteint leur échelonnement en altitude, mais atterrir droit devant soi. L'inobservation de cette prescription peut avoir les conséquences les plus graves.

149. Au départ, le guide doit, dès que les circonstances le permettent, faire un palier en réglant sa vitesse de telle façon que les autres avions puissent prendre l'échelonnement prescrit. Ce n'est qu'à partir du moment où tous les avions sont en place, en distance, en intervalle et en altitude, que le guide peut commencer à monter.

Chaque pilote doit s'efforcer de reprendre sa place le plus tôt possible. A cet effet, il conserve le régime maximum du moteur jusqu'au moment où il est sur le point d'atteindre cette place. A ce moment, il réduit progressivement le régime du moteur pour ne pas dépasser l'avion qui le précède.

150. 2° **Départs individuels et rassemblement au-dessus d'un point.** — Lorsque le terrain est insuffisant pour permettre le départ en groupe, les avions partent individuellement et se rassemblent au-dessus d'un point et à une altitude fixés à l'avance.

Cette manœuvre s'effectue de la façon suivante : lorsque tous les moteurs ont été essayés au point fixe, devant les hangars, le guide se porte en roulant vers la ligne de départ et prend le départ. Les avions de la formation partent successivement dans l'ordre de leurs numéros (2, 3, 4, 5), en évitant de rouler et de décoller dans le remous de l'avion précédent.

Le chef de groupe marche vers le point de rassemblement fixé en prenant lentement de l'altitude. Lorsqu'il arrive au-dessus de ce point, il se met en virage suivant un grand rayon, en continuant à monter lentement pour atteindre l'altitude de rassemblement.

Pendant ce temps, les pilotes de la formation cherchent à rejoindre le plus tôt possible le guide et à prendre leur place dans la formation.

151. Le point de rassemblement doit être fixé à une distance aussi grande que possible du terrain de départ, à condition, toutefois, que celle-ci permette au guide qui attend ses avions de voir ce qui se passe sur le terrain de départ.

C. — MARCHE EN LIGNE DROITE.

152. Pour tenir sa place dans la formation, chaque pilote doit suivre des yeux l'avion sur lequel il se règle.

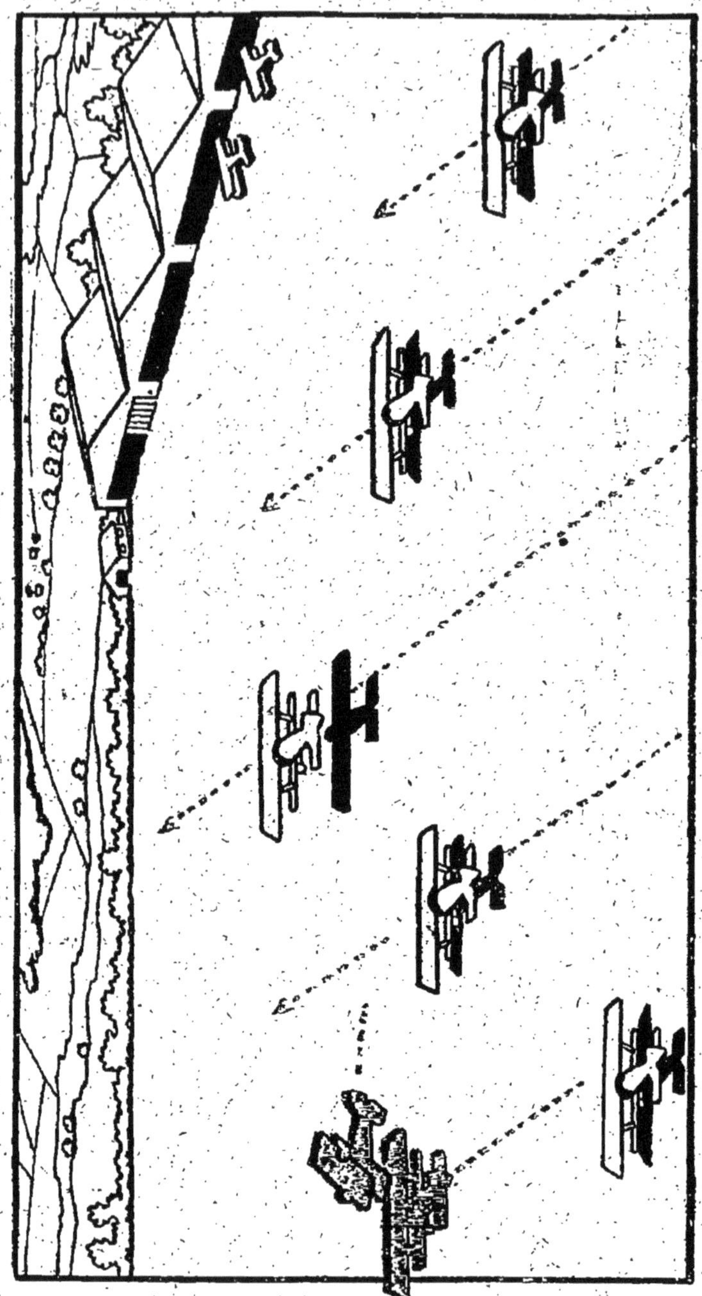

DÉPART EN GROUPE. — *En cas de panne au départ, ne pas s'écarter de son axe de marche.*

sans jamais le perdre de vue, et se conformer immédiatement aux variations de vitesse, de direction et d'altitude de
cet avion. Pour éviter tout retard dans ces manœuvres, le
pilote conserve, en permanence, la main gauche sur la manette des gaz, prêt à accélérer ou à réduire le moteur. Il ne
doit jamais voler à un régime trop élevé, qui l'obligerait
à louvoyer pour conserver sa place dans la formation.

Lorsque la formation a atteint son échelonnement, le
pilote qui a une panne sort du groupe en piquant et en
virant vers l'extérieur de l'axe de marche du groupe.

D. — VIRAGE EN GROUPE.

153. Dans un virage en groupe, pour conserver leur
place, les pilotes de l'aile pivotante doivent ralentir d'autant plus leur vitesse qu'ils sont plus éloignés du guide.
Ceux-ci peuvent encore, si la vitesse du guide est trop
grande et ne leur permet de suivre facilement, couper au
plus court en suivant la corde de l'arc décrit par l'avion
qui les précède.

La nécessité pour le guide de régler convenablement sa
vitesse se fait plus sentir dans les virages que dans toutes
les autres évolutions. Il doit surtout éviter de marcher
trop lentement, afin que les avions extrêmes de l'aile pivotante puissent ralentir suffisamment et ne soient pas obligés
de le dépasser.

E. — ATTERRISSAGE.

154. 1° **Atterrissage individuel des pilotes d'un vol
en groupe.** — Après avoir donné le signal réglementaire
de dislocation et d'atterrissage, le guide prend la vitesse
maximum en vol horizontal en se dirigeant droit devant lui,
les avions de l'aile gauche accélèrent leur vitesse et viennent se placer en file indienne derrière le chef de groupe,
dans l'ordre de leurs numéros. Pendant ce temps, l'aile
droite continue sa marche sous la direction du premier
avion de l'aile et prend de la hauteur pour atteindre l'altitude d'échelonnement, par rapport au dernier avion de l'aile
gauche.

Dès que le dernier avion de l'aile gauche arrive à la hauteur de l'avion de tête de l'aile droite, celui-ci accélère sa
vitesse et suit l'aile gauche, en entraînant derrière lui, en
file indienne, tous les autres avions de l'aile droite.

155. Dès que tous les avions de la formation sont en
file indienne, le guide prend progressivement une vitesse
normale et se met en virage à gauche sur un cercle de
grand rayon autour du terrain d'atterrissage. Les autres
avions règlent leur vitesse pour conserver leur place dans
la file indienne.

L'atterrissage se fait ensuite individuellement, en com-

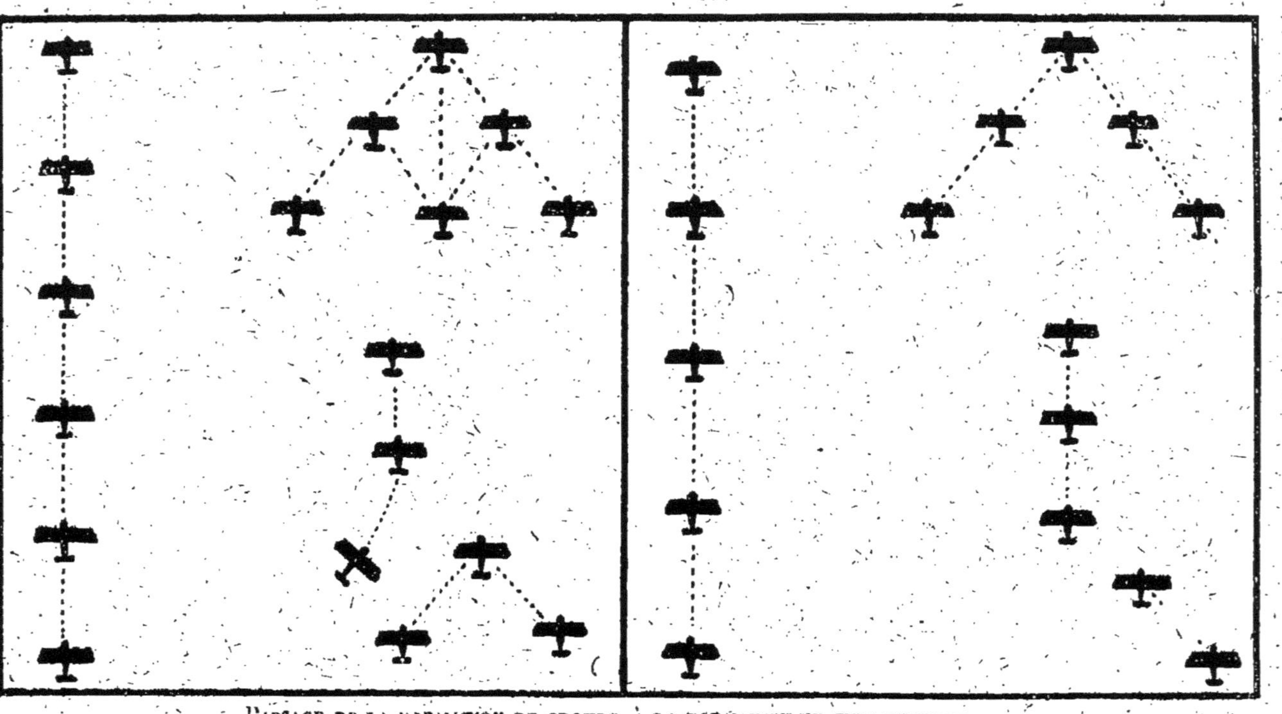

PASSAGE DE LA FORMATION DE GROUPE À LA FORMATION EN FILE INDIENNE.

a) Pour un groupe de 6 avions.

b) Pour un groupe de 5 avions.

ATTERRISSAGE EN GROUPE.

mençant par le chef de groupe, et dans l'ordre des avions
dans la file indienne.

156. 2° **Atterrissage en groupe.** — *L'atterrissage en
groupe, en raison des dangers de collision qu'il présente, ne
doit être effectué que par des formations bien homogènes,
familiarisées parfaitement avec la manière de conduire du
guide et sur un terrain de grandes dimensions.* Il ne peut
se faire sur les terrains ouverts au trafic international,
que lorsque toutes les précautions auront été prises pour ne
pas gêner ce trafic (Voir titre II, chapitre v).

Pour atterrir en groupe, le guide se présente de loin, vent
debout, face au terrain d'atterrissage. Pendant cette
marche, le guide règle sa descente de façon à amener sa
formation en vol horizontal, à quelques mètres au-dessus
du sol avant la lisière d'accès du terrain. Au fur et à
mesure que la formation se rapproche du sol, les avions
augmentent leurs intervalles autant que les dimensions du
terrain le permettent. Ils diminuent en même temps leur
échelonnement en altitude pour arriver à la perdre complètement.

Le guide franchit la lisière d'accès au terrain, continue
à voler en vol horizontal, au ras du sol, et atterrit en
cherchant à s'arrêter le plus près possible de la lisière
opposée.

Les avions de la formation atterrissent en réglant leur
manœuvre sur l'avion qui les précède, et en maintenant
rigoureusement leur direction.

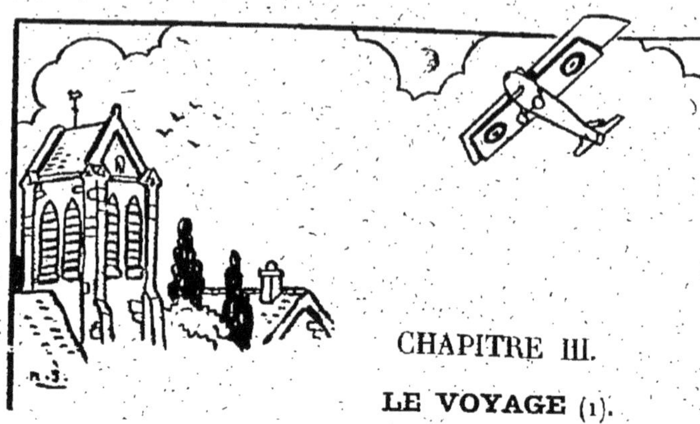

CHAPITRE III.

LE VOYAGE (1).

A. — PRÉPARATION D'UN VOYAGE.

157. La préparation d'un voyage comporte une série de mesures :

— étude de l'itinéraire;

— organisation de la couverture météorologique;

— préparation des ravitaillements.

En outre, avant tout voyage, le pilote doit :

1° Préparer son avion;

2° Préparer sa carte et revoir en détail l'étude de l'itinéraire;

3° Se renseigner sur les conditions atmosphériques.

158. Préparation de l'avion. — En dehors de la vérification minutieuse de son avion, du plein des réservoirs, de la vérification du ou des moteurs, opérations que nécessite toujours un voyage, l'équipage doit s'assurer que ses instruments de bord et de navigation sont au complet et en bon état de fonctionnement.

En particulier, après que le chargement de l'avion aura été complété, les compas doivent être compensés soigneusement, avec toute la précision que comporte leur construction.

Cette compensation doit encore être vérifiée juste avant le départ.

---

(1) La navigation aérienne proprement dite n'est pas traitée dans le présent Manuel. L'étude complète de ce problème et l'exposé des méthodes de navigation aérienne font l'objet de règlements particuliers.

Les objets personnels et autres que l'équipage emporte à bord sont solidement arrimés à l'intérieur du fuselage. Il est défendu de fixer ces objets sur les plans et à l'extérieur du fuselage.

159. Préparation de la carte et étude détaillée de l'itinéraire. — La carte de voyage, montée à bord de l'avion sur le rouleau du porte-carte, est établie de la façon suivante. Après avoir consulté la carte d'assemblage (divisée en régions numérotées), on choisit les cartes traversées par la ligne de parcours. Deux cas peuvent alors se présenter, suivant que l'itinéraire à suivre est figuré par une droite ou une ligne brisée :

1° *Itinéraire en ligne droite.* — Assembler en les collant les cartes qui doivent être utilisées et tracer sur cet assemblage la ligne droite du parcours. Découper la bande de carte correspondant à la largeur du porte-carte, la largeur de la bande mesurant un centimètre de moins que celle du porte-carte. Coller ensuite la bande de carte sur un morceau de toile de mêmes dimensions ;

2° *Itinéraire suivant une ligne brisée.* — Procéder comme précédemment pour chaque droite de la même ligne brisée. Avant de réunir les différentes lignes droites sur la bande de toile, découper ces lignes à leur longueur propre ; avoir soin de les prolonger de 10 kilomètres à leurs deux extrémités pour faciliter l'orientation à chaque changement de direction. Coller ensuite, bout à bout, sur la toile, et noter, à l'aide de flèches importantes, les changements de direction sur chacune des cartes partielles.

160. Quand la carte a été ainsi préparée, indiquer sur celle-ci, d'une façon très apparente :

1° Le tracé de la route à suivre ;

2° Les terrains d'atterrissage connus sur le parcours (aménagés ou non) ;

3° Les routes magnétiques successives (c'est-à-dire les angles que font les routes tracées sur la carte avec le nord magnétique) en les répétant au besoin autant de fois qu'il est nécessaire pour qu'une au moins de ces indications se trouve toujours dans le champ du porte-carte ;

4° Les points remarquables ou particulièrement visibles qui serviront de points de repère pour assurer la direction à la vue ;

5° Le nombre de kilomètres à parcourir par des traits perpendiculaires à l'axe de marche, espacés régulièrement.

Les points remarquables de route qui doivent être notés sur la carte sont à choisir parmi :

1° Les lacs et les cours d'eau ;

2° Les forêts ou les grands bois ;

3° Les grandes routes ;

4° Les localités importantes ;

5° Les voies ferrées ;

6° Les ouvrages d'art (tunnels, viaducs et ponts sur les grands cours d'eau).

Pour vérifier sa route ou se retrouver si l'on est égaré, il est commode de comparer les angles que font les différentes lignes de chemin de fer et les grandes voies rencontrées, tels qu'ils sont vus sur le terrain avec leur représentation sur la carte.

Etudier également sur la carte, l'altitude de voyage la plus favorable, compte tenu des obstacles à franchir et des qualités de planeur de l'avion.

La nature des obstacles à franchir est le facteur le plus important dans la détermination de l'altitude de voyage. Il faut toujours supposer, dans cette étude, que la panne possible surviendra juste au milieu de l'obstacle. Dans ces conditions, pour un obstacle de longueur L, il faut fixer une altitude telle que l'avion, étant donné ses qualités de planeur, puisse parcourir en vol plané, vent debout, la distance $\dfrac{L}{2}$

L'altitude ainsi fixée ne sera pas toujours celle que le pilote prendra au cours de son voyage. D'autres facteurs tels que le vent et surtout la visibilité pourront obliger le pilote à voler à une altitude différente de celle fixée avant le départ. Cette question est étudiée plus loin dans l'exécution des voyages.

161. Renseignements météorologiques. — Avant le départ, même quand le temps paraît sûr, il est indispensable de demander au service météorologique local ou le plus rapproché, les renseignements concernant les conditions atmosphériques du parcours à effectuer. Il est intéressant de connaître, notamment, la hauteur des nuages, la direction et la vitesse du vent et la tendance barométrique.

En l'absence de moyens de navigation appropriés, ne jamais partir quand du brouillard généralisé est signalé sur la route, ou quand la hauteur des nuages ne permettra pas, en volant au-dessous, de franchir, à l'altitude de sécurité, les obstacles les plus élevés ou les plus étendus.

B. — EXÉCUTION DU VOYAGE.

162. Tenue de la direction de route — Le pilote tient sa direction de route à l'aide du compas, et contrôle sa route par les points de repère importants qu'il a notés sur su carte avant le départ. Il cherche à apercevoir ces points d'aussi loin que possible pour ne pas avoir à se servir continuellement de la carte pour se diriger. Cependant, tout pilote militaire doit pouvoir identifier à chaque instant, tout point visible de la région qu'il survole. Un pilote, navigateur confirmé, peut avantageusemenu utiliser un dérivomètre quand il doit faire des parcours importants.

163. Mesure de la vitesse absolue de marche. — Le pilote doit se rendre compte fréquemment de sa vitesse absolue. Pour cela, il notera le temps que met l'avion pour parcourir la distance entre deux points de l'itinéraire, distance qu'il mesurera sur sa carte. La vitesse lui sera alors donnée, soit par une simple règle de trois, soit par un tableau de calcul des vitesses, soit enfin encore plus simplement par un abaque (1).

Le pilote devra disposer d'une petite planchette sur laquelle il notera ses heures de passages au-dessus des repères.

Connaissant la vitesse de marche et la quantité de carburant qui lui reste, le pilote peut ainsi juger s'il peut atteindre, sans risquer la panne de carburant, le prochain terrain d'escale qu'il s'est fixé.

D'autre part, la connaissance de la vitesse absolue lui est indispensable pour naviguer à l'estime dans le cas où le sol lui est momentanément caché.

164. Conduite du moteur et surveillance des instruments de contrôle du moteur. — Quand la vitesse du vent ne ralentit pas sensiblement la vitesse de l'avion, le pilote a intérêt, pour diminuer les risques de panne, à marcher au régime économique du moteur.

Par contre, si le vent est fort, le pilote ne doit pas hésiter à augmenter le régime de son moteur, jusqu'au moment où la vitesse de l'avion devient suffisante pour atteindre sûrement le premier terrain d'escale.

Sans avoir les yeux continuellement fixés sur ses instruments de contrôle de fonctionnement du moteur, le pilote doit, néanmoins, les regarder très fréquemment, en particulier, les contrôleurs de circulation d'essence, le manomètre de pression d'huile, les niveaux d'essence, l'aérothermomètre et le compte-tours.

165. Observation de l'espace. — Pendant toute la durée du voyage, le pilote doit observer fréquemment l'espace dans toutes les directions, de façon à apercevoir en temps utile, les autres avions et les changements qui se produisent

---

(1) Ces documents figurent dans les Manuels de navigation aérienne.

dans l'atmosphère, et à éviter l'approche des nuages d'orage ou de brouillard qui sont toujours dangereux.

166. Direction et vitesse du vent au sol. — Le pilote doit connaître constamment la direction du vent au sol et approximativement sa vitesse pour le cas où il serait contraint d'atterrir en campagne.

Pour se rendre compte de la direction du vent, observer les fumées, la poussière sur les routes et les vagues sur l'eau.

Les fumées ne donnent une indication exacte sur la direction du vent que si leur foyer d'origine se trouve en terrain dégagé. Se méfier de la direction de la fumée des locomotives de chemin de fer et de celles des agglomérations. Les locomotives animées de grandes vitesses laissent à leur suite un panache de fumée orienté, d'une façon générale, dans leur direction de marche et nullement dans celle du vent; elles donnent donc, tout au moins pour les derniers flocons qui viennent de s'échapper de la locomotive, de fausses indications. Les fumées qui s'élèvent au-dessus des agglomérations subissent l'influence des courants d'air des rues; elles ne peuvent donner d'indication précise sur la direction du vent, que si elles ont déjà atteint une certaine hauteur.

Pour connaître l'orientation d'une fumée avec exactitude, il faut passer au-dessus et non loin d'elle et observer sa direction par rapport à celle du Nord magnétique du compas.

167. Terrain à choisir en cas de panne. — Le pilote qui voyage doit avoir la préoccupation constante du terrain d'atterrissage qu'il choisira en cas de panne.

La coloration du terrain est, suivant la saison, le seul moyen, à grande altitude, de se rendre compte de la nature et de la valeur des terrains d'atterrissage.

Couleur brune ou bistre : terrains labourés dont les sillons sont à redouter s'ils ne sont pas parallèles à la direction du vent;

Couleur verte : prairies favorables à l'atterrissage. Cette coloration peut être due, au printemps, à des céréales jeunes qui sont également propices à l'atterrissage, s'il n'y a pas de sillons;

Couleur grise : chaumes, terrains incultes, généralement favorables aux atterrissages;

Couleur jaune doré : céréales mûres, à redouter pour l'atterrissage.

En cas d'atterrissage forcé, choisir, autant que possible, parmi les terrains propres à l'atterrissage un terrain rapproché d'une agglomération, afin de disposer le plus rapidement possible, s'il y a lieu, de moyens de transport, du télégraphe et du téléphone.

168. Conduite à tenir par un pilote égaré. — Un pilote qui a étudié particulièrement la géographie générale de la région qu'il doit survoler, ne doit pas commettre de grosses erreurs de direction. L'aspect général et le relief du terrain, la nature des cultures, les agglomérations principales, l'importance et la direction des cours d'eau, la côte maritime, les lacs, les grandes forêts doivent donner immédiatement au pilote égaré des indications sur la région survolée. Il ne lui reste plus alors qu'à rechercher sur sa carte, si les limites de celle-ci le permettent, le point précis où il se trouve.

C. — ATTERRISSAGES ET DÉPARTS
NÉCESSITANT DES PRÉCAUTIONS SPÉCIALES.

169. 1° Atterrissage avec le moteur sur un aérodrome inconnu du pilote. — Avant d'atterrir, il est indispensable :

1° De reconnaître la direction du vent au sol, par les moyens dont dispose l'aérodrome;

2° De s'assurer que l'atterrissage n'est pas interdit face au vent, ce qui existe sur certains aérodromes, quand leurs dimensions ne permettent pas l'atterrissage dans tous les sens, ou que des travaux en cours rendent l'atterrissage momentanément dangereux dans la direction du vent. A cet effet, observer les avions qui atterrissent ou partent, ou, à défaut, se conformer à la direction d'atterrissage donnée par le T;

3° Le sens d'atterrissage étant fixé, reconnaître la nature de l'obstacle à franchir en bordure du terrain et sa hauteur approximative. Se méfier des antennes de T. S. F., des fils télégraphiques et des lignes de transport, qui avoisinent parfois les terrains d'aviation;

4° Descendre, en prenant toutes précautions pour s'assurer la régularité des reprises du moteur, en cas de besoin;

5° Pendant la descente, ne pas cesser de reconnaître l'obstacle à franchir pour mieux en préciser la nature. En outre, observer ce qui se passe au sol, sur l'aérodrome, pour éviter une collision avec un autre avion au moment de l'atterrissage.

170. 2° Atterrissage en campagne avec le moteur. — Avant d'atterrir en campagne, si l'on dispose de son moteur, rechercher un terrain d'atterrissage favorable par ses dimensions, ses abords, sa nature, son orientation par rapport à la direction du vent, le survoler à faible altitude jusqu'au moment où on a la certitude que l'atterrissage pourra se faire sans danger et que le départ sera possible.

Se méfier surtout des fils de fer de clôture qui ne sont pas toujours visibles et des rigoles d'arrosage qui sont parfois couvertes d'herbe et qui, par suite, n'apparaissent pas nettement. Éviter de choisir un terrain mou (prairie marécageuse ou terrain labouré humide).

Atterrir ensuite en prenant les précautions exposées précédemment et en faisant l'atterrissage comme il est prescrit pour atterrir dans un terrain mou.

171. 3° Atterrissage en campagne à la suite d'une panne de moteur. — Deux cas sont à envisager, suivant que le pilote est à une altitude suffisante pour atteindre un terrain d'atterrissage choisi, ou qu'il est à faible altitude et ne dispose, par suite, que d'un rayon d'action très limité.

Dans le premier cas, descendre vers la région qui paraît la plus favorable, dans le rayon de vol plané de l'avion. Pendant cette descente, choisir le terrain d'atterrissage qui semble le meilleur dans cette région. En arrivant au-dessus de ce terrain, manœuvrer pour atterrir d'après la méthode exposée au chapitre Ier, article 100.

Dans le second cas, s'il n'existe pas de terrain favorable dans le rayon de vol plané de l'avion, se placer face au vent et descendre droit devant soi, avec le minimum de vitesse.

Dans les deux cas, fermer les robinets d'essence et couper les contacts pendant la descente, de façon que le moteur soit arrêté avant l'arrivée au sol, et faire l'atterrissage de campagne d'après les principes exposés précédemment.

Le danger le plus sérieux, auquel est exposé un pilote atterrissant en campagne dans ces conditions, est de buter violemment contre un obstacle résistant. Lorsque le choc est inévitable, les conséquences peuvent en être atténuées si le pilote est solidement attaché sur son siège, s'il enlève ses lunettes et s'il se protège la tête en prenant appui avec les deux mains sur l'avant de l'habitacle. Ces dernières précautions sont applicables à tous les occupants de l'avion.

172. 4° Atterrissage à la tombée de la nuit. — Un pilote en voyage peut être obligé, par suite d'un retard imprévu, d'atterrir à la tombée de la nuit sur un aérodrome sans éclairage de bord ni de terrain; il est donc indispensable de se préparer à cette éventualité.

Un pilote qui n'est pas entraîné à l'atterrissage de nuit apprécie difficilement la hauteur à laquelle il doit redresser son avion et cette difficulté le porte généralement à faire son palier d'atterrissage beaucoup trop haut.

La hauteur des obstacles avoisinant le terrain (arbres,

Avant le départ d'un terrain en campagne,
prier les spectateurs
de se tenir dans un angle du terrain.

hangars, etc.) peut donner une indication suffisamment précise pour la hauteur de redressement.

173. 5° Stationnement de l'avion en campagne. — Si l'avion doit séjourner sur le terrain, recouvrir le moteur, l'hélice et l'habitacle avec les housses.

Placer l'avion autant que possible à l'abri du vent, derrière les obstacles bordant le terrain, tels que : maisons, arbres, haies, etc. Si le vent est fort, amarrer l'avion au sol avec des piquets solides et des câbles, en ayant soin de ne nouer ces derniers que sur des parties résistantes de l'avion (train d'atterrissage et béquille). Caler les roues et bloquer les gouvernes.

Par vent violent, susceptible de soulever l'avion malgré les amarres, la méthode de campement doit être la suivante :

Après avoir placé l'avion face au vent, creuser le sol sous les roues pour abaisser l'essieu au niveau du sol. Amarrer ensuite l'avion et charger l'essieu avec des matériaux lourds. C'est dans cette position que le vent a le moins de prise sur l'avion.

174. 6° Départ d'un terrain en campagne. — Avant le départ, le pilote doit parcourir à pied le terrain de départ pour s'assurer que le sol est plat, résistant, et ne présente pas d'aspérités ou de trous dangereux. Si le départ est possible, il conduit son avion à l'extrémité du terrain et le place face au vent.

La longueur de l'avion, au décollage, dépend du type de l'avion, de son chargement, de l'état du sol et de la force du vent. Prendre toujours le plus de recul possible.

Si la distance dont on dispose paraît insuffisante pour partir avec la pleine charge, délester l'avion de tout ce qu'on peut enlever sans inconvénient, et au besoin, vidanger l'essence en excédent de celle nécessaire pour rejoindre le terrain d'aviation le plus rapproché. Un départ vent de côté, à condition que celui-ci soit faible, est souvent préférable à un départ hasardeux vent debout.

S'il y a des obstacles, tels que : haies, arbustes, lignes téléphoniques, etc., que l'avion risque de heurter dans son envol, ne pas prendre le départ.

Avant le départ, prier les spectateurs de se tenir dans un angle du terrain et de ne pas quitter cet emplacement tant que l'avion n'aura pas disparu à l'horizon.

Si le terrain est bon et la distance de décollage suffisante, prendre le départ dans les conditions normales. Si le terrain est mauvais, partir prudemment d'après les principes exposés précédemment dans la manœuvre de départ en terrain mou.

La crainte de ne pas pouvoir franchir un obstacle, après le décollage, ne doit pas pousser le pilote à décoller prématurément ou à cabrer exagérément son avion dans la pensée de prendre plus rapidement de l'altitude, car l'effet obtenu serait contraire.

La crainte de ne pas pouvoir franchir un obstacle après le décollage ne doit pas pousser le pilote à décoller prématurément ou à cabrer exagérément son avion dans la pensée de prendre plus rapidement de l'altitude, car l'effet obtenu serait contraire.

CHAPITRE IV.

PARTICULARITÉS
RELATIVES AU VOL DE NUIT.

A. — GÉNÉRALITÉS.

175. *Le vol de nuit comporte, au point de vue du pilotage, des difficultés plus grandes que le vol de jour.*

Ces difficultés proviennent du défaut de visibilité nocturne, qui rend peu visibles ou invisibles les repères du sol ou les obstacles aériens et terrestres et en modifie l'aspect. Elles naissent surtout des erreurs considérables que l'on commet généralement dans l'appréciation des distances à bord d'un avion en vol.

Elles rendent certaines manœuvres de pilotage de nuit, en particulier l'atterrissage, particulièrement délicates.

176. Pour la conduite d'un avion, la nuit, il faut que le pilote possède, outre les qualités normalement requises (volonté, calme, sang-froid, etc.), *une très grande acuité visuelle dans l'obscurité.*

B. — VISIBILITÉ NOCTURNE.

177. La visibilité nocturne est extrêmement variable, elle est fonction des facteurs principaux suivants :

1° Clarté de l'atmosphère (absence de brume) ;
2° Lumière donnée par la lune ;
3° Nature de la région survolée ;

4° Epoque de l'année;

5° Altitude;

6° Heure.

178. La clarté de l'atmosphère est le facteur principal de visibilité. Les nuits sans lune, mais claires, sont très favorables à la visibilité, les contours se découpent nettement et le rayon de visibilité est étendu; les points lumineux sont perceptibles de loin.

La brume, même légère, estompe les formes et les contours et rend les repères indistincts. Par nuit sans lune, elle rend difficile toute sortie. Par nuit de lune, elle ne permet souvent de voir qu'à la verticale, et rend les objets invisibles lorsqu'on regarde dans la direction de l'astre.

179. La lumière donnée par la lune est un facteur important de la visibilité nocturne. Elle varie en intensité et en couleur pendant les différentes phases et avec la hauteur de l'astre au-dessus de l'horizon. Par belle nuit de pleine lune, il est presque aussi facile de se diriger qu'en plein jour si la clarté de l'atmosphère est suffisamment bonne.

180. Les terrains calcaires, marneux, blanchâtres sont plus faciles à identifier que les terrains foncés; les masses boisées s'y détachent plus nettement que sur les fonds sombres.

181. En été, certaines cultures prennent l'apparence foncée des bois. En hiver, le sol prend un aspect uniforme et grisâtre; par contre, les bois, même sans feuillage, se découpent plus nettement. La pluie change complètement l'aspect du sol et en rend les détails moins perceptibles à l'œil. La neige les efface complètement et modifie entièrement l'apparence habituelle du sol.

182. La visibilité est d'autant meilleure que l'altitude d'observation est plus basse. Par contre, un gain d'altitude augmente généralement l'étendue du champ visuel.

183. L'influence de l'heure se manifeste par les condensations de brume qui se produisent, surtout au lever et au coucher du soleil.

184. Les repères naturels les plus visibles sont, par ordre de visibilité : les bois, les routes, les localités importantes, les cours d'eau, canaux, lacs, étangs, les voies ferrées.

Les bois forment, en général, une tache sombre très nette accusant leur forme et leurs contours.

Les routes bordées d'arbres sont toujours visibles, les routes qui en sont dégarnies forment une ligne blanchâtre dont la visibilité est intermittente.

Les villages apparaissent, en général, sous forme de tâches grises peu visibles, auxquelles aboutissent des voies de communication en nombre plus ou moins important; les villes se signalent par leurs dimensions étendues, les nombreuses voies de communication qui les sillonnent et s'y réunissent, par les lumières qui restent visibles en plus ou moins grand nombre, surtout dans la première partie de la nuit et par le halo qu'elles forment lorsqu'elles sont importantes.

Les fleuves sont des repères précieux presque toujours visibles ; les ruisseaux ne le sont, la plupart du temps, que par le dessin sinueux de teinte sombre que forment les arbres qui les bordent ; les canaux, généralement bordés d'arbres, ont un aspect rectiligne caractéristique ; les lacs et étangs se voient très peu en temps normal ; par nuit de lune, toutes les masses liquides se décèlent par réflexion des rayons lunaires à un œil convenablement situé.

Les voies ferrées sont peu visibles en elles-mêmes. Elles ne décèlent leur présence que par les feux qui les jalonnent ou par les trains qui les parcourent ; les gares, au contraire, lorsqu'elles sont éclairées, constituent d'excellents points de repère.

Pour faciliter l'orientation des équipages, des repères lumineux sont disposés pour jalonner certains itinéraires ou désigner l'emplacement de certains points topographiques. Ils sont constitués par des rampes d'éclairage ou des projecteurs, des phares ou feux fixes ou à éclipse, des fusées éclairantes.

C. — MANŒUVRES INDIVIDUELLES D'AÉRODROME.

185. Toutes les prescriptions relatives au vol de jour sont applicables au vol de nuit. Celui-ci reste soumis, en outre, à certaines règles qui lui sont particulières.

Au moment de la vérification de l'avion et de son équipement, le pilote apporte une attention particulière à l'examen des installations électriques et de l'éclairage de bord.

Les déplacements de l'avion au sol se font avec une extrême prudence.

LE DÉPART DANS L'OBSCURITÉ.

ATTERRISSAGE SUR AÉRODROME ÉCLAIRÉ PAR DES PROJECTEURS

Le pilote conduit son appareil sur la base de départ jalonné par les deux feux de base d'un triangle lumineux, très lentement et le place face au feu du sommet.

Le départ se fait dans l'obscurité; bien que cette manœuvre impressionne généralement les débutants, elle ne présente aucune difficulté, si le pilote prend soin de maintenir constamment son appareil dans la direction du feu de sommet.

Dès que l'avion a décollé, le pilote choisit un point de repère éloigné dans son axe de marche et se maintient rigoureusement dans sa direction pendant quelques minutes, sans prendre un angle de montée exagéré.

Comme dans le vol de jour, *l'atterrissage droit devant soi, en cas de panne au départ et à basse altitude, est une règle absolument impérative.*

En vol, le pilote évite de regarder fréquemment ou trop longuement les parties éclairées ou lumineuses du bord.

Il surveille attentivement les signaux qui sont faits de terre ou par d'autres avions.

L'atterrissage doit être conduit avec beaucoup de calme et de sang-froid. Sur les aérodromes, grâce au puissant éclairage réalisé par les rampes électriques ou les projecteurs, il doit être mené comme en plein jour. S'il y a lieu de virer avant l'atterrissage, le virage doit toujours être très large.

Le pilote descend en ligne droite en conservant au moteur un régime régulier et en se dirigeant sur la base du triangle d'atterrissage.

Une fusée verte tirée du sol indique à l'avion qu'il peut atterrir.

Il se rapproche du sol, jusqu'au moment où les détails de la partie éclairée lui apparaissent très nettement; à ce moment (à 3 mètres environ du sol), il met son appareil en ligne de vol, en direction du feu de sommet, et termine son atterrissage comme en plein jour. Pendant toute la durée de cette manœuvre, il évite de tourner ses regards dans la direction des phares d'atterrissage.

D. — MANŒUVRES

INDIVIDUELLES

D'APPLICATION.

186. Le vol de nuit, en dehors des aérodromes, est dans une dépendance très étroite des conditions atmosphériques. La brume et le brouillard l'interdisent. Par contre, le vent, pendant la nuit, est, en règle générale, moins fort que le jour et de direction plus régulière.

187. En cours de voyage, un pilote peut avoir à atterrir soit *sur un aérodrome inconnu*, soit *sur un terain de secours*, ou bien *en campagne*.

188. *Dans le cas d'atterrissage sur un aérodrome inconnu*, le pilote reconnaît, au préalable, et, s'il le peut, dans le détail, le terrain sur lequel il va se poser.

Il cherche à se rendre compte des consignes (con-

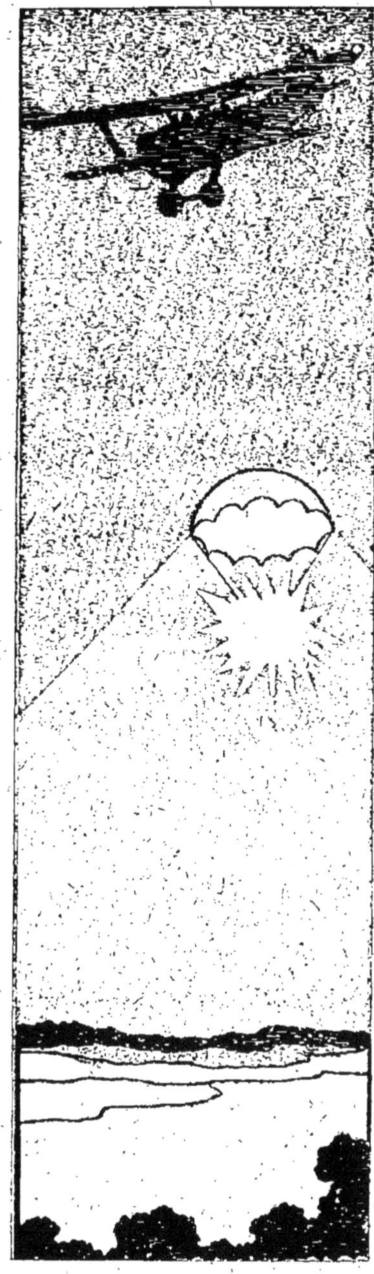

Obligé d'atterrir en campagne, le pilote lance une bombe Michelin.

signes normales et consignes spéciales aux exercices d'application du temps de guerre) qui y sont momentanément en vigueur et s'y conformer pour atterrir.

189. *Un terrain de secours* n'est généralement pas éclairé par des feux de terre très puissants. La zone atterrissable y est seulement délimitée par un triangle lumineux. Pour s'y poser, le pilote opère comme dans le cas précédent, descend régulièrement comme s'il voulait toucher le sol sur la petite base du triangle, en dirigeant son avion vers le feu du sommet. Lorsqu'il commence à voir de façon distincte les lampes de la base du trangle (à 3 mètres du sol environ), il allume les feux d'atterrissage du bord et met son appareil en ligne de vol, tout en maintenant rigoureusement sa direction.

Avec ce mode d'atterrissage, un pilote peut même se dispenser de faire fonctionner les feux d'atterrissage du bord. Il cherche alors à se rapprocher du sol jusqu'à voir les lampes de base de manière très distincte. A ce moment seulement, l'avion est mis en ligne de vol.

Ce dernier procédé peut être considéré comme le point final de l'entraînement du pilote à l'atterrissage de nuit. Il ne présente, en lui-même, aucune difficulté, mais exige du personnel qui l'emploie un très grand sang-froid.

190. *L'atterrissage en campagne* est à éviter, en raison des grands dangers qu'il présente, dangers qui rendent la panne redoutable.

Lorsqu'il est obligé d'atterrir en campagne, le pilote commence, s'il est à une altitude suffisante, par déclancher ou faire déclancher un engin éclairant à grand rayon d'action. Il examine la région éclairée et choisit, pour s'y diriger, la zone qui lui paraît le mieux dégagée de tout obstacle.

A 400 ou 500 mètres d'altitude, il lance un deuxième engin à très grand pouvoir éclairant, et cherche à reconnaître dans le détail la zone qu'il a choisie précédemment, et à y distinguer certains obstacles invisibles à plus haute altitude, tels que fossés, clôtures, lignes télégraphiques, pour les éviter dans la mesure du possible à l'atterrissage. Il aura pris soin, pour le lancement de ces différents engins éclairants, de tenir compte du sens et de la vitesse du vent qui, sans cette précaution, pourrait les entraîner rapidement en dehors de la zone à éclairer.

Lorsqu'il estime n'être plus qu'à 10 mètres environ au-dessus du sol, le pilote fait fonctionner ses feux d'atterrissage de bord et termine la manœuvre comme il est dit précédemment, autant que possible face au vent.

191. Tout atterrissage de campagne doit être fait avec le minimum de vitesse, de façon à rouler le moins possible. Il y a là, pour le pilote, un entraînement difficile à acquérir, sur avion chargé en particulier.

Le pilote allume ses phares de bord pour atterrir.

192. Il n'est pas recommandé à un pilote de quitter avant le jour, à moins de nécessité absolue, un terrain inconnu sur lequel il a été obligé d'atterrir. S'il y est obligé, il procède, au préalable, à la reconnaissance d'une piste de départ et choisit un point de repère aussi éloigné que possible. En roulant et après avoir décollé, il se maintient rigoureusement dans la direction choisie.

193. Lorsqu'un avion doit séjourner sur un terrain, le pilote prend les précautions énumérées au chapitre III, qu'il complète en signalant son appareil par des feux rouges, de préférence.

194. En cours de voyage, le pilote a le devoir de voler sans louvoyer.

À moins que la mission reçue ne l'y oblige, il ne s'écarte pas des itinéraires jalonnés; plus encore que de jour, il évite de pénétrer à l'intérieur des masses nuageuses et de passer au-dessus d'un rideau continu de nuages. Il doit néanmoins s'entraîner progressivement à voler par tous les temps.

195. Tout pilote égaré cherche à rallier un terrain de secours en se rapprochant des itinéraires jalonnés par des feux. S'il n'y réussit pas, il atterrit dès que la région survolée lui semble propice à l'atterrissage.

196. *Les exercices de passage à la verticale d'un point, de survol d'une ligne droite,* présentent de nuit comme de jour, un intérêt très vif. Pendant toute leur durée, le pilote s'interdit toute manœuvre et vole horizontalement et en ligne droite, en conservant à son appareil une vitesse constante.

197. Les vols de nuit aux *grandes altitudes* sont rares. Par contre, un pilote peut être amené à voler à très basse altitude. Cet exercice présente, toutefois, de sérieux dangers.

198. Le vol de nuit nécessite des *cartes spéciales*, sur lesquelles les détails planimétriques sont figurés d'après leur aspect la nuit. Sur ces cartes, les contours de bois, les cours d'eau, ainsi que certains repères, particulièrement visibles, sont nettement dessinés.

199. Le pilote doit savoir s'orienter d'après les astres, notamment d'après la position de la lune. Ces procédés, qui ne dispensent jamais de naviguer au compas et de lire au sol, sont des moyens auxiliaires précieux que tous les pilotes doivent connaître.

E. — ÉVOLUTIONS EN GROUPE.

200. Le danger de collision dans l'obscurité rend les groupements en vol très difficiles, tout particulièrement ceux d'avions non éclairés. Il n'y a donc pas, à proprement parler, d'évolutions en groupe.

Cependant, ce problème n'est pas complètement à écarter. Il est fréquent, en effet, que des avions évoluent simultanément au-dessus d'une même zone, ou se suivent de près sur un même itinéraire.

Dans ces circonstances, la sécurité des équipages dépend essentiellement de la façon dont le pilote observe les consignes de vol qui lui ont été données, qu'elles soient générales ou particulières à la mission, et en particulier celles relatives au maintien de l'altitude et de la direction de marche.

CHAPITRE V.

RÈGLES USUELLES
DE CIRCULATION AÉRIENNE.

Extraits de la Convention
portant réglementation de la Navigation aérienne.

A. — CIRCULATION AU SOL.
ENVOLS ET ATTERRISSAGES.

201. 1° Tout aéronef partant d'un aérodrome ou y atterrissant doit le faire vent debout à moins d'empêchement causé par la disposition des lieux. Dans ce cas, ou par vent nul, l'aéronef doit partir ou atterrir dans le sens indiqué par le T d'atterrissage ou par un signal approprié. A cet effet, dans tout aérodrome, la direction du vent sera clairement indiquée par un ou plusieurs moyens reconnus, tels que : T d'atterrissage, manche à air, fusée, etc. En cas de vent nul, le T d'atterrissage, s'il en existe un, est bloqué et une boule bien visible est hissée à un mât.

2° Sur tout aérodrome, le long de la périphérie et aux abords des hangars, une zone neutre (1) est réservée pour

---

(1). A titre d'indication, cette zone, précisée par les consignes particulières à chaque aérodrome, a, en général, 50 à 100 mètres de largeur.

la manœuvre au sol des aéronefs. La partie centrale, aussi grande que possible, est réservée aux départs et atterrissages.

3° Tout aéronef, voulant atterrir ou prendre son vol, doit le faire en laissant franchement à sa gauche tout aéronef qui aurait déjà atterri ou serait en train de s'élever ou sur le point de le faire.

4° Sur certains aérodromes, *et particulièrement sur ceux occupés par des formations militaires*, la partie réservée aux départs et aux atterrissages est virtuellement divisée en deux zones sensiblement égales par un plan orienté dans le sens des départs et des atterrissages tel qu'il a été défini. Pour un observateur placé dans ce sens, *la zone de gauche sera celle réservée aux départs, et celle de droite aux atterrissages*. Cette réglementation spéciale à l'aérodrome sera indiquée par une étoile blanche à cinq branches placée sur le sol au centre de la partie du terrain réservée aux départs et aux atterrissages.

5° Sur un aérodrome où cette réglementation sera en usage, un aéronef voulant atterrir devra le faire dans la partie gauche de la zone réservée à cet effet (en laissant, cependant, bien à gauche, tout autre aéronef qui aurait déjà atterri).

Un aéronef voulant prendre son vol, devra le faire dans la partie gauche réservée à cet effet, en laissant franchement à gauche tout autre aéronef en train de s'élever ou sur le point de le faire.

6° La route sera laissée libre à tout aéronef en train d'atterrir sur un aérodrome.

7° Si deux aéronefs s'approchent en même temps d'un aérodrome pour y atterrir, l'aéronef le plus élevé devra manœuvrer pour éviter l'aéronef volant à un niveau inférieur et, pour atterrir, il devra s'écarter franchement à droite de l'avion déjà à terre.

8° *Tout aéronef roulant au sol dans la zone centrale réservée aux départs et atterrissages devra le faire dans le sens de l'atterrissage.* Sur certains aérodromes, les aéronefs roulant au sol pourront être autorisés à traverser la zone centrale sous certaines réserves destinées à garantir la sécurité (1).

9° Tout aéronef voulant partir ou atterrir sur un aérodrome et se trouvant dans l'obligation de faire un virage devra, sauf en cas de détresse, l'effectuer à gauche, c'est-à-dire dans le sens contraire au mouvement des aiguilles d'une montre.

---

(1) En France, ces réserves sont précisées, pour chaque aérodrome, dans les consignes particulières qui font l'objet d'un avis aux navigateurs aériens et sont insérées dans le *Bulletin de navigation aérienne*.

LA CIRCULATION AU SOL : ENVOLS ET ATTERRISSAGES.

B. — CIRCULATION AÉRIENNE
AUX ABORDS DES AÉRODROMES.

202. 1° *Un aéronef partant d'un aérodrome, ne devra pas virer à moins de 500 mètres de distance du point le plus rapproché du périmètre et, s'il vire, il devra le faire vers la gauche, sauf en cas de détresse.*

2° Un aéronef volant entre 500 et 3,500 mètres du point le plus rapproché d'un aérodrome, devra se conformer à la même règle, à moins qu'il ne se tienne à plus de 2,000 mètres d'altitude.

Les atterrissages acrobatiques sont interdits sur les aérodromes de l'État. Il est défendu aux avions de se livrer à des exercices acrobatiques à une distance inférieure à 4,000 mètres de distance du point rapproché du périmètre de ces aérodromes, à moins que les avions ne se tiennent à une altitude supérieure à 2,000 mètres (1).

3° Dans le cas où le brouillard rendrait invisible un aérodrome, celui-ci pourra être signalé par un ballon servant de bouée aérienne ou par des fusées blanches tirées du sol, et tous les moyens d'éclairage de nuit.

4° Le jour, sur les aérodromes qui ne sont pas classés ports aériens, stations aériennes ou terrains de secours de l'aéronautique marchande et sur certains aérodromes du service de la navigation aérienne où fonctionne une école civile de pilotage, un signal « attention » composé d'un panneau carré de 4 mètres de côté, de couleur rouge, sera placé à côté de l'indicateur de vent au début de chaque séance d'instruction qui doit se dérouler sur l'aérodrome lorsque cette instruction comportera des exercices ou des manœuvres contraires aux règles de la circulation aérienne.

Le signal sera maintenu pendant toute la durée de ces manœuvres et enlevé dès qu'elles auront pris fin.

Un aéronef se rendant ou partant d'un aérodrome sur lequel les règles de circulation aérienne ne seraient pas observées (panneau rouge) devra redoubler d'attention et surveiller attentivement sa route, afin d'éviter une collision avec un autre appareil.

5° Des dispositions particulières règlent les conditions dans lesquelles les aérodromes classés ports aériens ou stations aériennes sont utilisés pour une instruction comportant des exercices ou manœuvres contraires aux règles de la circulation aérienne.

---

(1) Cependant, et par suite des nécessités de l'instruction des formations de chasse, il peut être dérogé à cette règle sur les terrains occupés par ces formations. Dans ce cas, le signal prévu au paragraphe 4° du présent article est placé sur le terrain.

C. — RÈGLES DE CIRCULATION EN AIR LIBRE.

203. 1° Les avions doivent toujours faire place aux aérostats. Le câble fixant les aérostats captifs doit porter, au moins tous les 100 mètres, des manches à air ayant un minimum de 20 centimètres de diamètre et de deux mètres de longueur marquées par des bandes alternativement blanches et rouges de 50 centimètres de largeur.

2° Un aéronef à moteur doit toujours manœuvrer dès qu'il s'aperçoit qu'en poursuivant sa route, il passerait à moins de 200 mètres d'une partie quelconque d'un autre aéronef.

3° *Quand deux aéronefs à moteur se rencontrent de face ou presque de face, chacun d'eux doit s'écarter vers sa droite.*

4° Quand deux aéronefs à moteur suivent respectivement des routes qui se croisent, l'aéronef qui voit l'autre à sa droite doit faire place à ce dernier.

Tout aéronef devant s'écarter de la route d'un autre aéronef devra, autant que possible, éviter de le croiser en avant.

5° *Un aéronef en attrapant un autre, devra pour le dépasser, s'écarter de ce dernier en faisant dévier sa propre route vers la droite et non en piquant.*

6° Quand, en application du présent règlement, l'un des deux aéronefs doit faire place à l'autre, ce dernier doit maintenir sa route primitive et sa vitesse. Toutefois, lorsque, par suite du brouillard ou de toute autre cause, les aéronefs se trouvent si près l'un de l'autre qu'une collision ne peut être évitée par une manœuvre de l'appareil rattrapant l'autre, l'aéronef rattrapé doit prendre l'initiative de manœuvrer de la manière la plus efficace pour éviter la collision.

7° Tout aéronef suivant une route officiellement reconnue (1) devra, si la chose est possible sans danger, se conformer aux règles de marche suivantes :

a. Conserver la route officiellement reconnue sur sa gauche;

b. Ne pas se rapprocher à moins de 300 mètres de cette route.

Tout commandant d'aéronef qui jugera nécessaire de franchir la route officiellement reconnue, devra la couper à angle droit à la plus grande altitude, si possible, et s'en éloigner de 10 kilomètres au minimum avant de reprendre sa marche dans la direction primitive.

8° Tout commandant d'aéronef faisant route au-dessous des nuages, devra se maintenir à l'altitude de meilleure

---

(1) Certaines routes, telles que : Paris-Londres, Paris-Bruxelles, utilisées par les avions commerciaux sont définies nettement au *Bulletin de la navigation aérienne.*

visibilité et de façon qu'il puisse apercevoir un aéronef naviguant dans les mêmes conditions que lui, suffisamment à temps pour pouvoir effectuer un changement de route, s'il en est besoin.

D. — RÈGLES RELATIVES AU SURVOL
DU TERRITOIRE ET DES AGGLOMÉRATIONS.

204. 1° Les aéronefs peuvent circuler librement au-dessus du territoire français.

Toutefois, le droit pour un aéronef de survoler les propriétés privées ne peut s'exercer dans des conditions telles qu'il entrave l'exercice du droit du propriétaire.

2° Un aéronef ne peut survoler une ville ou une agglomération de personnes qu'à une altitude telle que l'atterrissage soit toujours possible, même en cas d'arrêt du moyen de propulsion, en dehors de l'agglomération ou sur un aérodrome.

Les aéronefs circulant au-dessus des agglomérations devront se conformer aux règles suivantes :

a. Aucune agglomération, quelle que soit son importance, ne doit être survolée à une altitude inférieure à 500 mètres, pour les aéronefs multimoteurs, et à 1,000 mètres pour les aéronefs monomoteurs;

c. Les villes d'une population supérieure à 100,000 habitants, ne doivent pas être survolées à une altitude inférieure à 1,000 mètres, pour les aéronefs multimoteurs, et 2,000 mètres pour les aéronefs monomoteurs.

3° Tout vol dit d'acrobatie, comportant des évolutions périlleuses et inutiles pour la bonne marche de l'appareil est interdit au-dessus d'une ville ou d'une agglomération de personnes.

E. — RÈGLES SPÉCIALES
CONCERNANT LA CIRCULATION AÉRIENNE DE NUIT.

205. 1° Tout avion manœuvrant de nuit, soit en l'air, soit à terre, doit porter les feux suivants :

a. A l'avant, un feu blanc visible dans un angle de 220° bissecté par le plan vertical de symétrie de l'avion. Ce feu devra être visible à une distance d'au moins huit kilomètres (1);

b. A tribord, un feu vert disposé de façon à projeter vers l'avant une lumière ininterrompue entre deux plans verticaux formant un angle de 40° et dont l'un sera parallèle au plan vertical passant par l'axe longitudinal de l'appareil. Ce feu devra être visible à une distance d'au moins cinq kilomètres;

---

(1) La suppression de ce feu est actuellement à l'étude.

c. A babord, un feu rouge disposé de façon à projeter vers l'avant une lumière ininterrompue entre deux plans verticaux formant un angle de 40° dont l'un sera parallèle au plan vertical passant par l'axe longitudinal de l'appareil. Ce feu devra être visible à une distance d'au moins cinq kilomètres ;

d. Ces feux latéraux, vert et rouge, seront disposés de manière que le feu vert ne soit pas visible du côté gauche de l'avion, ni le feu rouge du côté droit ;

e. A l'arrière et aussi loin que possible, un feu blanc tourné vers l'arrière et visible à cinq kilomètres au moins de distance, dans un secteur de 140°, divisé en deux parties égales passant par l'axe longitudinal de l'appareil ;

f. Si, pour l'application de la règle ci-dessus, le feu unique doit être remplacé par plusieurs feux, le champ de visibilité de chacun d'eux sera limité de façon qu'il n'y ait qu'un feu visible à la fois.

206. Pour les aérostats dirigeables, tous les feux seront doublés, ceux d'avant et ceux d'arrière verticalement, et ceux des côtés horizontalement sur un parallèle à l'axe de l'aérostat.

Les feux de chacune des paires d'avant et d'arrière seront visibles ensemble.

La distance entre les deux feux d'une même paire ne sera pas inférieure à deux mètres.

Si l'aérostat dirigeable, pour une cause quelconque, n'est plus maître de sa direction, il devra, en plus des autres feux spécifiés, montrer d'une façon très apparente, l'un au-dessus de l'autre, deux feux rouges séparés par un intervalle d'au moins deux mètres et visibles dans toutes les directions à trois kilomètres au moins de distance.

207. Un aérostat libre devra porter un feu blanc placé à 5 mètres au moins au-dessous de la nacelle et visible dans toutes les directions, à trois kilomètres au moins de distance.

208. Un aérostat captif ou amarré loin du sol devra porter, disposés comme le feu blanc spécifié plus haut et à la place de ce feu, trois feux placés verticalement à quatre mètres, au moins, de distance l'un de l'autre.

Le feu du milieu sera blanc, les deux autres seront rouges ; les trois feux seront visibles dans toutes les directions à une distance d'au moins trois kilomètres.

De plus, le câble devra porter, tous les 300 mètres, à partir de la nacelle, des groupes de trois feux disposés comme ceux spécifiés ci-dessus. En outre, l'objet auquel l'aérostat est amarré sur le sol devra porter un groupe de feux semblables marquant sa position.

209. *Si un des feux spécifiés vient à s'éteindre, l'aéronef devra atterrir aussitôt qu'il le pourra sans danger.*

210. Un aéronef désirant atterrir la nuit sur un aérodrome doté d'un personnel de garde, devra, avant de le faire, effectuer des signaux intermittents avec une lampe ou un projecteur autre que les feux de navigation. En outre, à l'aide du Code international Morse, il devra par

Une fusée rouge tirée de terre
indique qu'aucun avion ne doit atterrir.

signaux phoniques ou lumineux, reproduire le groupe
constitué par sa lettre de nationalité et la dernière lettre
du chiffre de sa marque d'immatriculation.

La permission d'atterrir lui sera donnée par la répétition
du même signal d'appel suivi d'une fusée pyrotechnique
verte ou de signaux intermittents faits avec une lampe
verte.

Une fusée pyrotechnique rouge tirée de terre ou un feu
rouge étincelant à terre signifiera qu'aucun aéronef ne
doit atterrir.

Un aéronef obligé d'atterrir la nuit devra, avant de le
faire, lancer une fusée pyrotechnique rouge ou faire avec
ses feux de navigation une série de signaux courts et
intermittents.

TITRE III

PROCÉDÉS D'INSTRUCTION

Chapitre premier

PRINCIPES TACTIQUES
ET MÉTHODE GÉNÉRALE D'INSTRUCTION

insuffisamment préparée ou mal dirigée, les instructeurs devront toujours s'inspirer des règles générales et des procédés préconisés ci-après :

213. Règles générales. — Former un pilote et le perfectionner dans la pratique du pilotage, c'est poursuivre sans cesse l'éducation de ses réflexes, qui devront entrer en jeu dans la conduite de l'avion, préciser et affiner constamment ses sensations de vol.

Les sensations de vol élémentaires perçues et notées tout au début de l'instruction doivent être ensuite précisées et affinées par leur contrôle constant au moyen des instruments de bord. Réciproquement, les indications des instruments de bord devront être contrôlées par les impressions du pilote. Cette confrontation constante permettra au pilote de *se passer des instruments au cas où ceux-ci seraient défaillants;* inversement, elle mettra le pilote en mesure de *conduire son avion d'après les seules indications de ses instruments de bord,* quand le contrôle de ses sens se trouvera en défaut (vols dans la brume).

L'éducation des réflexes exige que toute manœuvre de pilotage soit mûrement étudiée et ses effets pleinement compris. Il faut, pour cela, un travail incessant du pilote.

L'instruction n'est réellement profitable au pilote que si celui-ci a pleine confiance dans ses moyens et dans son avion.

Tous les vols doivent répondre à un but précis, fixé par la progression de l'instruction et leur exécution doit toujours être contrôlée par un instructeur qualifié.

Dans une même séance, la durée d'un vol d'instruction doit être strictement limitée au temps nécessaire à l'exécution de la manœuvre prévue et les intervalles entre les vols doivent être assez longs pour permettre au pilote de se reposer avant d'effectuer un nouvel exercice.

Dans les formations, la progression de l'instruction n'est pas obligatoirement commune à tous les pilotes d'une même unité. Il y a intérêt à classer ceux-ci par catégories correspondant à leur degré d'entraînement et à établir une progression pour chacune des catégories.

L'instructeur doit toujours faire ses observations sans brusquerie, de façon à ne pas atteindre le moral de ses pilotes. *Chaque faute de pilotage constatée fait l'objet, de la part de l'instructeur, d'une explication sur sa cause et d'un conseil sur les moyens de l'éviter.* C'est par la répétition fréquente de recommandations identiques que l'instructeur parviendra à faire comprendre à ses élèves les conséquences graves qui peuvent résulter d'une faute de pilotage.

Lorsque, par suite d'une faute de pilotage, un pilote a été impressionné et semble ne plus disposer de tous ses moyens, il est prudent, avant de lui faire exécuter un

effet, en dehors des aptitudes professionnelles, un certain nombre de connaissances spéciales et de qualités morales, sans lesquelles l'instruction ne donnerait pas tous les résultats désirables.

Il faut d'abord que ces pilotes aient une *culture générale* suffisante pour exposer clairement à leurs élèves l'exécution des manœuvres et leur donner, le cas échéant, les explications d'ordre technique justifiant ces manœuvres.

La *conscience professionnelle*, le *sentiment du devoir et de la responsabilité* sont les principales qualités morales à exiger des instructeurs et des moniteurs de pilotage, toute négligence ou toute défaillance de leur part pouvant avoir des conséquences particulièrement graves.

Ils doivent étudier à fond le caractère de leurs élèves, connaître à tous moments leurs dispositions morales et physiologiques et diriger leur instruction en conséquence. C'est grâce à cette connaissance approfondie de leurs élèves qu'ils éviteront d'impressionner ou de décourager les plus émotifs par une observation brusque et qu'ils n'exigeront pas une manœuvre dont l'exécution pourrait être dangereuse pour certains élèves momentanément déprimés ou fatigués.

Enfin, le *calme* et la *patience* sont des qualités indispensables aux moniteurs de pilotage, notamment dans l'instruction des pilotes qui ont un mauvais début ou qui se forment très lentement. Ces élèves deviennent souvent d'excellents pilotes si les instructeurs et les moniteurs ont la volonté de terminer leur instruction.

CHAPITRE II.

FORMATION DES PILOTES MILITAIRES
JUSQU'AU
BREVET DE PILOTE MILITAIRE INCLUS

A. — BUT ET DIVISION
DE CETTE PARTIE DE L'INSTRUCTION.

216. Le but de cette partie de l'instruction est de former les pilotes et de poursuivre leur instruction jusqu'à l'exécution des épreuves pratiques comptant pour l'obtention du brevet militaire de pilote inclusivement.

Elle est donnée, en principe, dans les *écoles pratiques de pilotage* qui disposent, à cet effet, d'un personnel idoine d'instructeurs et de moniteurs, d'un matériel d'instruction et de pistes de travail présentant toutes les garanties nécessaires à des débutants.

Elle comprend :

1° Une instruction préparatoire ;

2° Une instruction sur avion rouleur ;

3° Une instruction en vol (de jour).

B. — PROGRESSION DE L'INSTRUCTION.

217. 1º Instruction préparatoire.

1º Déplacement de l'avion, à bras et au moyen du chariot de queue.

2º Équipement du pilote.

3º Vérification méthodique de l'avion et du moteur avant de monter à bord.

4º Montée à bord de l'avion.

5º Installation du pilote à bord.

6º Familiarisation du pilote avec les commandes de l'avion et du moteur.

7º Lancement de l'hélice, au démarreur de bord, au démarreur d'aérodrome et à la main.

8º Essais du moteur au point fixe.

2º Instruction sur avion rouleur.

1º Rouler lentement, en ligne droite, vent debout, la béquille au sol.

2º Virer lentement la béquille au sol.

3º Rouler lentement, en ligne droite, vent arrière, la béquille au sol.

4º Rouler lentement, en ligne droite, vent de côté, la béquille au sol.

5º Rouler lentement, suivant un parcours déterminé, la béquille au sol.

6º Montrer au sol la position de l'avion en ligne de vol.

7º Rouler en ligne de vol.

219. 3º Instruction en vol (de jour).

Le départ.

1º Conduire l'avion au point de départ, en roulant.

2º Nécessité de rouler suffisamment, la queue haute, avant l'envol.

3º L'envol.

4º Palier préparatoire à la montée.

La montée.

1º Étude de l'angle de montée, en fonction du régime du moteur et de la charge de l'avion.

2º Angle de montée exagéré : ses conséquences.

Vol horizontal en ligne droite.

1° Point de direction.

2° Vol horizontal avec un léger excédent de puissance du moteur.

3° Vol horizontal avec le régime minimum de moteur, nécessaire à la sustentation.

Descente en ligne droite.

1° Ralentissement du moteur et mise en descente.

2° Étude de l'angle de descente, en fonction du régime du moteur.

3° Inconvénients d'une descente trop rapide et dangers d'une descente trop lente.

4° Constatation des variations de vitesse pendant la descente.

Atterrissage.

1° Ralentissement progressif de la descente.

2° Redressement de l'avion en vol horizontal.

3° Tenue de l'avion en vol horizontal dans le palier au ras du sol.

4° Perte de vitesse dans le palier et manœuvre pour poser l'avion au sol.

5° Maintien de l'avion au sol après l'atterrissage.

6° Manœuvre à effectuer au cas d'un mauvais atterrissage.

Virage à moins de 45° d'inclinaison.

1° Virage avec un régime élevé du moteur (excédent de puissance).

2° Virage avec un régime moyen de moteur.

3° Virage avec le régime ralenti du moteur et avec le moteur arrêté.

4° Virage prolongé à moins de 45° d'inclinaison, à tous les régimes du moteur (spirales).

Vol plané et atterrissage de précision.

1° Étude du vol plané.

2° Descente et atterrissage de précision, moteur au ralenti.

3° Descente et atterrissage de précision, moteur arrêté.

Manœuvres de sécurité.

1° Étude de la perte de vitesse et de ses conséquences.

2° Manœuvre pour sortir de la glissade sur l'aile.

3° Manœuvre pour sortir de la vrille.

*Exercices permettant de constater
l'éducation des réflexes.*

1° Vol par temps agité.

2° Ralentissement progressif du moteur à l'insu du pilote.

3° Ralentissement brusque du moteur, en ligne droite et en virage.

4° Ralentissement brusque du moteur au départ.

Préparation aux voyages du brevet militaire.

1° Étude des documents relatifs à la conduite à tenir par les pilotes en cas d'atterrissage en campagne ou d'accident.

2° Vol comme passager sur la campagne, suivant un itinéraire inconnu de l'élève et tracé sur la carte, par l'élève, de l'itinéraire suivi.

3° Préparation de la carte et du compas en vue d'un voyage et étude d'un itinéraire.

*Épreuves pratiques du brevet militaire
de pilote.*

Fixées par les instructions ministérielles.

C. — INSTRUCTION PRÉPARATOIRE AU SOL.

220. Cette instruction a pour but, d'une part, d'apprendre à l'élève tout ce qu'il doit connaître avant de se servir d'un avion, et, d'autre part, de le familiariser complètement avec l'avion et le moteur.

En raison de son importance, cette partie de l'instruction ne saurait être négligée ou écourtée. Si elle est bien dirigée, son profit se fait sentir, dès les premières leçons, sur avion rouleur où l'élève, affranchi des premières difficultés de l'instruction, peut porter toute son attention sur la leçon du moniteur.

D. — INSTRUCTION SUR AVION ROULEUR.

221. Le but de l'instruction sur avion rouleur est d'apprendre au pilote à conduire l'avion au sol, et à rouler en ligne droite, la queue haute, dans la position du vol horizontal, position qui doit toujours précéder l'envol. Tant que le pilote n'exécute pas correctement toutes les manœuvres prévues sur avion rouleur, il n'y a pas avantage à commencer son instruction en vol.

On peut utiliser, pour l'instruction sur avion rouleur, des avions ordinaires usagés, mais à la condition de désentoiler suffisamment la cellule pour rendre l'envol impossible, même au régime maximum du moteur. On peut également obtenir le même résultat en limitant la course

7.

de la manette des gaz, à la position correspondant au minimum de puissance du moteur nécessaire pour rouler la queue haute.

Les exercices sur avion rouleur sont d'abord exécutés en double commande avec un moniteur. Il n'est pas nécessaire d'avoir enseigné tous les exercices prévus dans la progression avant de lâcher le pilote seul à bord.

Dès qu'une manœuvre est exécutée correctement sous la surveillance du moniteur, le pilote s'exerce seul jusqu'au moment où il est jugé apte à apprendre la manœuvre suivante.

Le terrain sur lequel se donne l'instruction sur avion rouleur doit être aussi vaste que possible, sans obstacle dangereux en bordure, tels que fossés, murs, poteaux, etc., et permettre de rouler dans toutes les directions.

Le capotage étant l'incident le plus fréquent au cours de ces exercices, il y a lieu d'exiger que le pilote porte son casque et soit solidement attaché sur son siège.

222. Rouler lentement : en ligne droite, vent debout, la béquille au sol. — L'avion étant sur la ligne de départ, face au vent, et le moteur tournant à l'extrême ralenti, le pilote commande : « Enlevez les cales ». Quand celles-ci sont enlevées, il s'assure que la piste est complètement libre devant l'avion et prend un point de direction aussi éloigné que possible (arbre, maison, clocher, etc.) dans le prolongement de l'avion.

Placer les pieds sur le palonnier, en maintenant celui-ci dans sa position normale, et ramener le levier de commande en arrière, sans exagération. Avec la main gauche, ouvrir très lentement la manette des gaz, jusqu'à ce que l'avion commence à rouler ; à ce moment, réduire un peu le régime du moteur en fermant légèrement la manette des gaz. Laisser rouler l'avion, sans dépasser l'allure d'un homme au pas. A cet effet, tenir la main gauche sur la manette des gaz, et réduire ou augmenter le régime du moteur pour continuer à rouler à une vitesse uniforme.

Maintenir l'avion dans la direction choisie, à l'aide du palonnier. Si l'avion tend à s'écarter de cette direction, exercer une pression sur le palonnier dans le sens opposé. Dès que l'avion amorce le mouvement de redressement, remettre le palonnier dans la position normale. Ne jamais attendre, pour redresser le palonnier, que l'avion soit complètement revenu dans la direction à suivre.

Pour s'arrêter, réduire progressivement les gaz et ramener complètement le levier de commande en arrière.

223. Virer lentement, la béquille au sol. — L'avion roulant lentement, face au vent, la béquille au sol, pour virer à droite ou à gauche, exercer une pression sur le palonnier du côté vers lequel l'avion doit être dirigé. Si cette action n'est pas suffisante pour faire virer l'avion, incliner le levier de commande du côté opposé au virage, en le maintenant toujours légèrement en arrière.

Lorsque l'avion est sur le point d'arriver dans la nouvelle direction, ramener le palonnier et le levier de commande à la position initiale.

Pendant cette manœuvre, maintenir constamment le moteur au régime nécessaire à l'entraînement de l'avion.

Éviter de virer trop brusquement, en particulier lorsque la béquille de l'avion n'est pas orientable.

224. Rouler lentement, en ligne droite, vent arrière, la béquille au sol. — Procéder de la même façon que pour rouler lentement en ligne droite, vent debout. Toutefois, maintenir le levier de commande complètement en arrière pendant toute la durée du trajet et ne conserver que le régime du moteur strictement nécessaire pour faire rouler lentement l'avion. Si la queue tend à se soulever, ralentir immédiatement le moteur.

225. Rouler lentement, en ligne droite, vent de côté, la béquille au sol. — Lorsqu'on roule lentement, vent de côté, l'avion tend à virer pour se placer face au vent. Pour maintenir l'avion dans la direction de marche, agir sur le palonnier du côté opposé à celui vers lequel l'avion a tendance à virer. Si cette action n'est pas suffisante pour assurer la direction, incliner le levier de commande du côté d'où vient le vent, tout en le maintenant complètement en arrière. L'amplitude de ces deux mouvements est fonction de la vitesse du vent de côté.

226. Rouler lentement, suivant un parcours déterminé, la béquille au sol. — Cette manœuvre s'exécute d'abord sur un parcours rectangulaire, à main droite et à main gauche.

Puis, pour augmenter la difficulté, faire rouler l'avion en lui faisant décrire des huit (chiffre 8) entre deux points plus ou moins éloignés, suivant le degré d'instruction du pilote.

227. Position de l'avion en ligne de vol. — L'avion est placé en ligne de vol, lorsque, la queue étant soulevée, l'axe du fuselage est sensiblement parallèle au sol.

Montrer cette position au pilote assis sur son siège en faisant soulever la queue de l'avion par des aides. Répéter cet exercice jusqu'à ce que le pilote se soit rendu compte, par sa propre position sur le siège, celle des plans, des mâts de cellule et de cabane, du moment où l'avion est en ligne de vol.

L'instructeur constate que le pilote connaît la position de l'avion en ligne de vol, de la façon suivante :

Il fait placer le pilote sur son siège, et les aides de

chaque côté de la queue, prêts à la soulever. Le pilote doit, par signes, sans se retourner, faire soulever la queue par les aides, jusqu'à ce que celle-ci soit arrivée à la position de la ligne de vol.

Cet exercice est toujours effectué face au vent et moteur arrêté.

228. Rouler rapidement, en ligne droite, la queue haute. — Cet exercice, qui est le couronnement de l'instruction sur avion rouleur, a pour but de préparer directement le pilote au départ et à l'envol sur avion. Il s'exécute, tout au moins au début, par vent nul ou très faible, sur un terrain très vaste, et toujours en roulant face au vent.

L'avion étant sur la ligne de départ, le moteur tournant au ralenti, le pilote pousse progressivement sur le levier de commande avec la main droite et ouvre lentement la manette des gaz du moteur avec la main gauche. Dès que l'avion en roulant se rapproche de la position de la ligne de vol décrite à l'exercice précédent, le maintenir dans cette position, en agissant, s'il y a lieu, sur le levier de commande de profondeur. Régler, en même temps, le régime du moteur, en manœuvrant la manette des gaz, de façon à n'utiliser que la puissance strictement nécessaire pour maintenir l'avion en ligne de vol.

Si, en roulant, l'avion tend à s'écarter de la direction fixée, intervenir immédiatement, par une action du pied sur le palonnier, du côté opposé à celui vers lequel l'avion est entraîné, suivant la méthode prévue pour rouler en ligne droite, lentement, la béquille au sol.

Pour s'arrêter, réduire progressivement les gaz jusqu'au ralenti, et attendre, pour ramener le levier de commande en arrière, que la béquille ait repris le contact avec le sol.

On ne doit jamais, en principe, rouler la queue haute, vent arrière. Cependant, cet exercice doit être enseigné au pilote pour le cas où, pour des raisons majeures, il serait obligé ultérieurement de prendre un départ vent arrière. Pour effectuer cette manœuvre, pousser très prudemment sur le levier de commande et rouler en maintenant le fuselage un peu au-dessous de la position prévue pour la ligne de vol. Se tenir prêt à ralentir le moteur, à couper les contacts et l'essence, à ramener le levier de commande en arrière, au cas où l'avion, malgré les précautions prises, lèverait exagérément la queue.

E. — INSTRUCTION SUR AVION EN VOL (DE JOUR).

229. But de l'instruction. — Cette instruction a pour but :

1° D'apprendre à l'élève toutes les manœuvres ordinaires

de pilotage, sur avion de début d'abord, puis, sur avion de transformation ;

2° De le préparer à l'exécution des épreuves aériennes pratiques comptant pour l'obtention du brevet militaire de pilote ;

3° De lui faire exécuter ces épreuves.

230. Méthode d'instruction. — Toutes les manœuvres en avion de cette partie de l'instruction sont, sans exception, obligatoirement enseignées en double commande. Un élève ne doit jamais exécuter, seul, à bord de son avion, une manœuvre qu'il n'a pas, au préalable, étudiée en double commande avec un moniteur.

231. Toute la progression, jusqu'à la préparation aux épreuves pratiques du brevet militaire de pilote exclusivement est d'abord enseignée, en double commande sur avion de début, puis exécutée par l'élève, seul à bord, sur ce type d'avion.

Quand l'élève a terminé son entraînement sur avion de début, il recommence la même progression sur l'avion de transformation, en double commande d'abord, puis, seul à bord.

La préparation aux épreuves du brevet militaire de pilote et les épreuves de ce brevet sont effectuées sur ce type d'avion.

232. Les pilotes qui ont déjà reçu l'instruction complète sur avion de guerre, mais qui, par suite d'une longue interruption dans leurs services aériens sont obligés de reprendre leur instruction de pilote, peuvent être remis directement sur avion de guerre. Toutefois, leur degré d'entraînement doit être, au préalable, contrôlé en double commande. Pour les pilotes d'avions biplaces ou multiplaces, cette vérification est faite sur l'avion de guerre même ; pour les pilotes d'avions monoplaces, elle est faite en double commande sur l'avion de transformation.

233. Les vols d'instruction en double commande, qui exigent une forte tension nerveuse de la part de l'élève, ne doivent pas dépasser une durée de quinze minutes sans atterrissage.

Dans une même séance, le nombre de vols ne doit pas excéder cinq. L'expérience a prouvé qu'au delà de ce nombre, l'élève ressent de la fatigue et ne retire plus le profit désirable des enseignements de son moniteur.

Les manœuvres de pilotage doivent être enseignées dans l'ordre de leurs difficultés d'exécution et non en suivant l'ordre de la progression d'instruction. C'est ainsi que le vol horizontal en ligne droite devra être étudié avant même le départ, la montée et l'atterrissage.

Avant d'être lâché pour son premier vol, seul, un élève doit avoir exécuté, en double commande, toutes les manœuvres prévues dans la progression de l'instruction, et présenter toutes les garanties nécessaires : confiance, régularité, exécution correcte des manœuvres et éducation suffisante des réflexes nerveux.

En outre, son instruction doit avoir été contrôlée par un moniteur qualifié, autre que celui qui a fait son instruction.

234. Le premier vol seul d'un élève ne doit être effectué que par temps favorable, et autant que possible sur un terrain qui lui est familier.

Il ne faut pas hésiter à remettre en double commande un pilote qui ne donne pas entièrement satisfaction au cours de ses premiers vols seul.

L'instruction des pilotes volant seuls est toujours dirigée par un moniteur à terre, qui indique l'altitude, le parcours à effectuer, la nature des exercices, contrôle leur exécution et fait, s'il y a lieu, après l'atterrissage, toutes observations utiles.

Le moniteur prescrit, avant chaque séance, le sens des virages, de façon à empêcher les pilotes de contracter l'habitude de virer dans le même sens.

Les vols d'instruction ont toujours lieu sur le terrain habituel de la formation et à une altitude de sécurité qui varie suivant la nature des exercices.

235. Règles particulières de l'instruction. — Départ. — Recommander à l'élève de pousser franchement, mais sans brusquerie, sur le levier de commande, en même temps qu'il met les gaz du moteur progressivement. Ce n'est qu'à cette condition que la queue se lèvera rapidement et qu'il pourra ensuite assurer la direction de son avion au sol.

Lui faire prendre un point de direction dès que la queue est levée.

Exiger qu'il fasse un palier suffisant après le décollage, avant de commencer à monter et qu'il conserve le point de direction pendant ce palier.

236. Montée. — Commencer l'étude de cette manœuvre avec le régime maximum du moteur, sans laisser trop cabrer l'avion. Continuer l'étude en diminuant le régime du moteur. Exiger de l'élève qu'il contrôle fréquemment son angle de montée par des actions sur les gouvernes.

237. Vol horizontal. — Apprendre à l'élève à voler horizontalement n'est pas seulement un but d'instruction. C'est un moyen de donner l'assiette au pilote (par analogie avec l'instruction du cavalier), de lui apprendre à tenir une direction donnée et de manœuvrer correctement les commandes de son avion pour assurer l'équilibre longitudinal et latéral. Enfin, cet exercice, qui est à la base du vol, doit être poussé jusqu'à ce que le pilote ait la sensation très nette, à tout moment, de la vitesse relative de son avion.

C'est cette sensation qui lui permettra, par la suite, de se rendre compte des écarts de vitesse relative, et d'éviter, en particulier, la perte de vitesse.

238. Descente en ligne droite. — Les premiers exercices de descente en ligne droite se font sous un angle très faible et, par conséquent, avec un régime de moteur légèrement inférieur à celui utilisé pour le vol horizontal.

Par la suite, les exercices de descente sont exécutées à des régimes de moteur de plus en plus faibles, jusqu'à l'extrême **ralenti.**

239. Atterrissage. — Les fautes que l'on constate le plus fréquemment chez les élèves dans la manœuvre d'atterrissage sont les suivantes :

1° L'avion est redressé trop haut dans le palier ;

2° L'élève ne redresse pas suffisamment l'avion pour faire le palier et touche des roues prématurément.

Ces deux fautes prouvent que l'élève n'a pas encore l'œil suffisamment exercé à l'appréciation de sa hauteur au-dessus du sol quand il redresse l'avion. Pour faire cette éducation de la vue, il est recommandé, quand les dimensions de la piste de l'instruction le permettent, de faire voler l'élève en double commande, à hauteur du palier normal ;

3° Dans le palier, l'élève n'assure pas toujours la direction de l'appareil et ne le maintient pas rigoureusement d'aplomb dans le sens latéral. De ce fait, beaucoup de débutants ne prennent pas le contact avec le sol, les deux roues simultanément et ont ensuite des difficultés pour maintenir la direction pendant le roulage au sol. En outre, ils risquent, sur certains avions, de toucher du plan inférieur.

240. Virages. — Dans l'enseignement des virages à faible inclinaison, l'instructeur doit veiller particulièrement à ce que l'élève ne croise jamais les commandes même très légèrement. Cette faute se constate souvent chez certains pilotes, qui, trouvant leur avion trop incliné dans un virage, agissent sur le levier du côté opposé pour diminuer l'inclinaison. Cette manœuvre freine rapidement l'avion et peut, par suite, entraîner la perte de vitesse et ses conséquences.

Dans ce cas, il faut montrer à l'élève qu'à partir du

243. Constatation de l'éducation des réflexes. —

Un pilote qui a terminé son instruction en double com-mande ne doit être lâché pour son premier vol que s'il possède des réflexes parfaitement éduqués, autrement dit, s'il est capable d'exécuter automatiquement et sans retard la manœuvre que comporte une situation donnée. L'utilité de cette éducation des réflexes se fait particulièrement sentir dans le cas d'une situation dangereuse, à faible alti-tude, lorsque la manœuvre nécessaire doit être faite dans le minimum de temps.

La constatation du degré d'éducation des réflexes d'un pilote se fait au cours des exercices suivants :

Vols par remous de vent ou de chaleur. — Cet exercice permet à l'instructeur de se rendre compte de la façon dont le pilote corrige les inclinaisons latérales et longi-tudinales de l'avion provoquées par les remous. Si le pilote n'a pas les réflexes éduqués, ses corrections sont toujours trop tardives et, par suite, de trop grande amplitude.

Ralentissement très progressif du moteur en vol normal. — L'élève évoluant au régime de moteur correspondant au vol horizontal, l'instructeur ferme très progressivement la manette des gaz pour s'assurer que l'élève s'aperçoit rapi-dement du ralentissement de la vitesse et modifie en consé-quence la position de l'avion.

Ralentissement brusque du moteur en vol normal. — Cet exercice se fait à hauteur de sécurité dans le vol en ligne droite et en virage.

Ralentissement brusque du moteur au départ. — Un pi-lote qui a une panne de moteur au départ avant d'avoir atteint l'altitude suffisante pour revenir sans danger se poser normalement sur le terrain de départ doit atterrir droit devant lui, même si la nature du terrain n'est pas favorable.

C'est pour constater si l'élève sait prendre rapidement cette décision et ne commet pas l'imprudence de virer, que le moniteur provoque la panne au moment où l'avion vient d'atteindre l'altitude de 100 mètres environ.

Il est bien entendu que cet exercice ne peut avoir lieu que si l'étendue du terrain permet d'atterrir droit devant soi, sans risquer de briser l'avion.

244. Vols comme passager sur la campagne. —

Les notions théoriques de topographie et de navigation aériennes données à l'élève avant le brevet militaire de pilote, ne sont pas suffisantes pour le préparer à l'exécu-tion des voyages comptant pour l'obtention du brevet mili-taire de pilote. Ces notions doivent être complétées par des vols comme passager au-dessus de la campagne, au cours desquels l'élève commence à se familiariser avec l'emploi de la carte et du compas pour se diriger.

Ces vols sont faits dans les conditions suivantes :

Avant le départ, le moniteur remet à l'élève la carte de la région qu'il a l'intention de survoler, sans lui indiquer l'itinéraire projeté. Cette région ne doit pas, en principe, être celle que l'élève traversera au cours des épreuves du brevet militaire de pilote.

Pendant le voyage, l'élève doit :

1° Tracer sur la carte l'itinéraire suivi par le moniteur ;

2° Noter les différents angles de route à tous les changements de direction ;

3° Marquer sur la carte les emplacements des terrains favorables à l'atterrissage et la direction du vent au sol à ce moment-là ;

4° Chercher à identifier d'aussi loin que possible les points de repère situés dans le rayon de visibilité.

Au retour, le moniteur (qui a fait le même travail pendant le voyage) fait les observations nécessaires à son élève.

245. Préparation de la carte et du compas et étude d'un itinéraire. — Se conformer aux prescriptions du titre II du présent manuel.

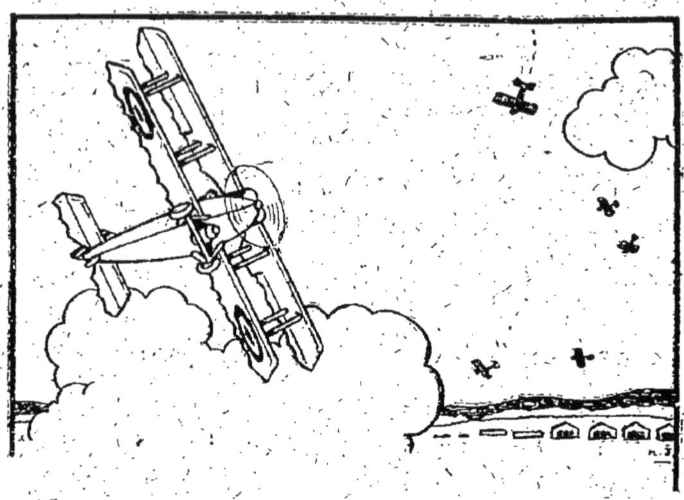

CHAPITRE III.

PERFECTIONNEMENT DES PILOTES
DANS LES ÉCOLES.

A. — BUT ET DIVISION
DE CETTE PARTIE DE L'INSTRUCTION.

246. Cette instruction a pour but d'entraîner sur avion de guerre les pilotes qui ont effectué les épreuves du brevet militaire de pilote et de les préparer à recevoir ultérieurement, dans leurs formations, le complément d'instruction nécessaire à leur utilisation comme pilotes de guerre.

Elle est limitée à l'enseignement des manœuvres dont les difficultés d'exécution sont à la portée des jeunes pilotes. Les autres manœuvres sont exécutées dans les formations de l'aviation, quand le pilote a déjà effectué un grand nombre d'heures de vol et a acquis une maîtrise complète dans le pilotage de son avion d'arme (voir progression du perfectionnement des pilotes dans les formations).

Elle comprend une progression spéciale pour chacune des trois catégories de pilotes à former (renseignement et bombardement moyen porteur, bombardement gros porteur, chasse).

B. — CLASSEMENT DES PILOTES
EN VUE DE LEUR AFFECTATION.

247. Immédiatement après l'exécution des épreuves du brevet militaire, les pilotes sont classés dans l'une des trois catégories (renseignement ou bombardement moyen porteur, bombardement gros porteur, chasse).

Ce classement, qui tient compte des aptitudes des élèves, des places disponibles dans les formations et, autant que possible, des desiderata des pilotes, est effectué par le Ministre pour les boursiers de pilotage et par le commandant de l'école d'aviation d'Istres, pour les pilotes formés dans cette école. Il peut être changé par le commandant de l'école d'Istres pour les élèves qui, au cours de leur perfectionnement, ne présenteraient pas les qualités indispensables aux pilotes de leur catégorie.

Chacune des catégories de pilote exige, en effet, des qualités spéciales qui n'apparaissent pas toujours pendant la période de formation de pilotes. Ces qualités qui ne se rapportent pas, d'ailleurs, exclusivement à l'aptitude au pilotage, sont d'ailleurs précisées dans les règlements de manœuvres de l'aviation, en particulier pour les pilotes de chasse.

C. — PROGRESSION
DE L'INSTRUCTION DE PERFECTIONNEMENT.

248. ### 1° Pilotes destinés aux régiments
de renseignement
et de bombardement moyen porteur.

Evolutions individuelles.

1° Répétition en double commande sur avion de guerre, de toutes les manœuvres en vol prévues dans la progression de la formation des pilotes en école.

2° Exécution des mêmes manœuvres, seul à bord.

3° Exécution des manœuvres de voltige aérienne : vol piqué, virage à plus de 45° d'inclinaison, glissade sur l'aile.

4° Passage à la verticale d'un point et survol d'une ligne droite.

Evolutions en groupe.

1° Départ en groupe et marche du groupe en ligne droite.

2° Atterrissage individuel des pilotes d'un vol en groupe.

3° Variations de vitesse en vol horizontal.

4° Virages en vol horizontal.

5° Virages en S.

249. 2° Pilotes destinés aux régiments
de bombardement gros porteur (1).

Les pilotes destinés aux régiments de bombardement gros
porteur reçoivent d'abord l'instruction prévue à l'article
précédent pour les pilotes des régiments de renseignement
et de bombardement moyen porteur.

Leur progression spéciale comprend ensuite :

Préparation au vol de nuit.

1° Étude des consignes générales et particulières des vols
de nuit.

2° Des vols de jour, en double commande sur l'avion de
nuit (monomoteur d'abord, puis multimoteur).

3° Des vols de jour, seul à bord, sur l'avion de nuit (monomoteur d'abord, puis multimoteur).

Exécution des vols de nuit.

1° Des vols de nuit sur avion monomoteur, en double commande et seul à bord.

2° Des vols de nuit en double commande et seul à bord sur
des avions de nuit multimoteurs.

3° Des atterrissages avec les moyens d'éclairage de bord et
les engins éclairants.

4° Un ou plusieurs exercices de navigation aérienne de nuit
comme passager.

250. 3° Pilotes destinés aux régiments de chasse.

Évolutions individuelles.

1° Complément d'instruction sur avion de transition pour
préparer le pilote au pilotage de l'avion de guerre de chasse.

2° Exécution sur l'avion de guerre de toute la progression
prévue pour la formation des pilotes en école.

3° Exécution des manœuvres de voltige aérienne.

Évolutions en groupe.

Même progression que pour les pilotes d'observation ou de bombardement de jour.

---

(1) Cette progression est également suivie (sauf en ce qui
concerne le pilotage des avions multimoteurs) par les pilotes que
le Ministre prescrit de former aux vols de nuit, sans qu'ils soient
destinés aux régiments de bombardement gros porteur.

D. — RÈGLES PARTICULIÈRES AU PERFECTIONNEMENT EN ÉCOLE DES PILOTES DE RENSEIGNEMENT ET DE BOMBARDEMENT MOYEN PORTEUR.

251. Tous les principes énoncés dans le chapitre ii, relatifs à la formation de pilotes en école sont applicables aux évolutions individuelles prévues dans la progression de l'instruction de perfectionnement des pilotes de renseignement ou de bombardement moyen porteur.

Les règles relatives au perfectionnement de cette catégorie de pilotes sont données ci-après, en ce qui concerne :

a. Les manœuvres de voltige aérienne ;

b. Les évolutions en groupe.

252. *a)* **Manœuvres de voltige aérienne.** — Tous les pilotes de cette catégorie doivent être capables d'exécuter correctement le vol piqué, le virage à grande inclinaison, jusqu'à la verticale, et la glissade sur l'aile.

Ces manœuvres sont enseignées en double commande sur un avion école, puis, sur l'avion de guerre.

Les avions utilisés pour ces exercices doivent être toujours en excellent état et vérifiés complètement après chaque vol. La tension des câbles de vol et les points d'attache de ces câbles sont, en particulier, l'objet d'une visite sérieuse.

Un pilote momentanément fatigué ou déprimé ne doit pas hésiter à signaler son état à son moniteur, s'il ne se sent pas capable d'exécuter les manœuvres de voltige aérienne prévues dans une séance d'instruction. De son côté, avant chaque séance de voltige aérienne, le moniteur doit s'assurer avec une attention toute particulière, de l'état physique et moral de ses élèves, et ne pas exiger ces manœuvres de ceux qui ne lui paraissent pas disposer de tous leurs moyens. L'inobservation de cette prescription pouvant avoir les conséquences les plus graves engage la responsabilité du moniteur.

L'enseignement des manœuvres de voltige aérienne prévues pour les pilotes de renseignement et de bombardement moyen porteur ne comporte pas de recommandations particulières en dehors de celles exposées au titre II.

253. *b)* **Manœuvres en groupe.** — Les évolutions en groupe, enseignées dans les écoles pendant le stage de perfectionnement, ont pour but d'apprendre aux pilotes à tenir leur place dans un vol d'avions groupés. La conduite d'un vol en groupe fait partie de la progression d'instruction du perfectionnement dans les formations.

Dans un vol en groupe, chaque pilote doit tenir sa place

en intervalle, en distance et en altitude, par rapport à un avion qu'il est chargé de suivre.

Au début de l'instruction, la meilleure méthode consiste à emmener d'abord l'élève comme passager dans un vol en groupe, bien exécuté par des pilotes confirmés dans cette manœuvre, pour lui permettre de se familiariser avec les distances d'échelonnement en profondeur, en intervalle et en altitude. Ensuite, faire voler l'élève seul à bord, derrière un moniteur pilotant l'avion guide. Tant que l'élève n'est pas capable de suivre correctement son moniteur, à droite et à gauche de celui-ci, il n'y a pas intérêt à le placer dans un vol de plusieurs avions groupés.

Le défaut de la plupart des débutants est de marcher avec un régime de moteur trop élevé. Ils sont alors obligés de louvoyer pour ne pas dépasser l'avion qu'ils doivent suivre, causant ainsi du désordre dans le vol en groupe.

E. — RÈGLES PARTICULIÈRES

AU PERFECTIONNEMENT EN ÉCOLE DES PILOTES

DE BOMBARDEMENT GROS PORTEUR.

254. Les pilotes destinés au bombardement gros porteur ainsi que ceux à former aux vols de nuit ne commencent leur instruction spéciale sur avion de nuit qu'après avoir terminé le cycle d'instruction prévu pour les pilotes de renseignement et de bombardement moyen porteur. Les règles particulières de l'instruction de ces pilotes en école ne précisent donc, ci-après, que ce qui concerne la préparation aux vols de nuit et l'exécution de ces vols.

Préparation aux vols de nuit. — Avant de commencer l'instruction de nuit, il est nécessaire d'entraîner l'élève de jour, sur l'avion qu'il devra piloter de nuit, pour le familiariser avec le pilotage de ce type d'avion. Cette instruction de jour comporte des vols en double commande et des vols seul à bord.

L'étude de l'atterrissage devra être particulièrement poussée au cours de cette préparation, en vue d'apprendre à l'élève à se poser, sans difficulté, dans une zone de terrain très limitée, correspondant à celle qui est éclairée de nuit par la rampe.

Exécution des vols de nuit. — L'instruction de nuit commence par des vols comme passager au cours desquels l'élève fait l'éducation de sa vue. Il s'efforce, au cours de ces vols, de déterminer notamment, d'une part, la nature de la région survolée (bois, cours d'eau, voies ferrées, routes, agglomérations, etc.), et d'autre part, l'altitude du vol. A faible altitude, les lumières au sol constituent, d'après leur éclat, la meilleure base d'appréciation.

Avant de commencer l'instruction de nuit sur les avions

gros porteurs, il est nécessaire d'entraîner de nuit les élèves sur des avions moyens porteurs dont le pilotage se rapproche le plus de l'avion de jour.

Les élèves doivent être exercés à atterrir de nuit avec la rampe d'éclairage placée indifféremment à droite, à gauche ou en arrière.

En école, les atterrissages avec les moyens d'éclairage de bord et les engins éclairants ne sont faits que sur les terrains d'instruction.

Les exercices de navigation aérienne de nuit sont faits sur des avions gros porteurs, pilotés par des moniteurs. Les élèves emmenés comme passagers, doivent, au cours de ces vols, noter sur la carte :

1° L'itinéraire suivi et les différents angles de route ;

2° Les points qu'ils ont pu identifier dans toutes les directions (points rapprochés et éloignés).

Les observations des élèves sont toujours contrôlées, au retour, par le moniteur qui a fait le même travail.

F. — RÈGLES PARTICULIÈRES AU PERFECTIONNEMENT EN ÉCOLE DES PILOTES DE CHASSE.

255. Avant de commencer leur entraînement sur l'avion de guerre (quand celui-ci est monoplace), les pilotes de chasse répètent sur un avion de transition plus facile à piloter que l'avion de guerre, toute la progression de l'instruction prévue pour la formation des pilotes en école.

Au cours des derniers vols sur ce type d'avion les élèves se préparent particulièrement à l'atterrissage sur avion de guerre, en effectuant les paliers d'atterrissage aussi longs et aussi rapides que possible, tout en s'efforçant de poser leur avion avec précision dans la zone fixée.

Quand on ne dispose pas d'avions de transition, cette préparation au pilotage de l'avion de guerre se fait sur l'avion de transformation.

Les pilotes de chasse sont entraînés aux manœuvres de voltige aérienne dans les conditions fixées à l'article 252 du présent chapitre pour les pilotes de renseignement et de bombardement de jour. Ces manœuvres comprennent, en plus de celles prévues pour cette dernière catégorie de pilotes : la vrille volontaire, le renversement, le retournement, le tonneau et la boucle.

La progression de l'instruction et les règles particulières à l'instruction en groupe sont les mêmes que celles fixées pour les pilotes de renseignement.

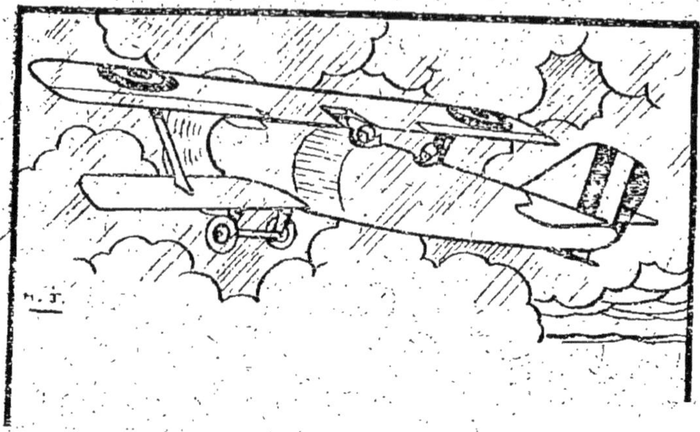

CHAPITRE IV.

PERFECTIONNEMENT DES PILOTES DANS LES FORMATIONS.

A. — DANS LES FORMATIONS DE JOUR.

1º But et divisions de cette partie de l'instruction.

256. Un pilote n'est réellement confirmé dans la pratique du pilotage qu'à partir du moment où il est capable sur son avion équipé avec la charge réglementaire :

1º De voler par mauvais temps ;

2º D'atterrir et de repartir sur des terrains de fortune ;

3º D'exécuter les manœuvres de préparation aux missions de guerre ;

4º De voler au-dessus de la campagne, de choisir un terrain, d'atterrir et de repartir en campagne ;

5º De préparer et d'exécuter un voyage ;

6º De participer à toutes les manœuvres en groupe et de diriger un vol de groupe.

Ces manœuvres constituent le but du perfectionnement de l'instruction du pilotage dans les formations. *Ce perfectionnement se poursuit au cours de toute la carrière du pilote.*

Avant de commencer cette instruction, les pilotes sortant des écoles pratiques de pilotage doivent, au préalable, effectuer des vols de contrôle (1) dans les sections d'entraîne-

____

(1) Les premiers vols pourront être effectués en double commande.

ment des formations. Ce contrôle porte sur toutes les manœuvres prévues dans le programme d'instruction en école
(formation des pilotes et perfectionnement en école).

2° Progression de l'instruction (1).

257. **a. Évolutions individuelles.**

Vols par mauvais temps.

1° Vols par grand vent ou remous de chaleur.
2° Vols dans la pluie.
3° Vols par temps orageux.
4° Vols par temps nuageux.
5° Vols dans la brume et le brouillard.

Atterrissages et départs sur des terrains de fortune (2).

1° Atterrissage de campagne.
2° Atterrissage et départ sur un terrain court.

Vols de préparation à la guerre.

1° Passage à la verticale d'un point fixé sur le sol.
2° Survol d'une ligne droite, dans le vent et vent de côté.
3° Vols d'endurance.
4° Vols aux grandes altitudes.

Vols en campagne.

1° Atterrissage avec le moteur sur un terrain d'aviation inconnu.
2° Atterrissage en campagne avec le moteur.
3° Atterrissage en campagne à la suite d'une panne de moteur.
4° Campement de l'avion en campagne.
5° Départ d'un terrain en campagne.
6° Atterrissage et départ à la tombée de la nuit.

Préparation aux voyages.

1° Préparation de l'avion.
2° Préparation de la carte et du compas.
3° Étude de l'itinéraire.

---

(1) Les manœuvres prévues dans cette progression devront en partie être
effectuées sur l'avion équipé avec sa charge maximum réglementaire. Les
pilotes sortant des écoles de pilotage ne devront être mis que progressivement en mesure de réaliser cette condition.
(2) Le mécanisme de l'atterrissage et du départ, soit vent de côté, soit
sur un terrain mou, ou encore sur un terrain à sillons sera également
étudié.

1° Tenue de la direction de route.

2° Mesure de la vitesse absolue de marche.

3° Conduite du moteur et surveillance des instruments de bord.

4° Observation de l'espace.

5° Direction et vitesse du vent au sol.

6° Terrain à choisir en cas de panne.

7° Conduite à tenir si l'on est égaré.

258. *b.* **Manœuvres en groupe.**

1° Départs individuels et rassemblement au-dessus d'un point ;

2° Atterrissage en groupe ;

3° Conduite d'un vol en groupe.

3° Règles particulières à cette instruction.

259. En raison de son importance, le perfectionnement du pilotage des jeunes pilotes dans les formations prime les autres branches de l'instruction (instruction militaire et technique. On doit y consacrer le maximum de séances.

260. *a.* **Évolutions individuelles.** — Pour diminuer les risques d'accidents, tous les exercices pratiques prévus dans la progression de l'instruction ont lieu, en principe, sur le terrain habituel de la formation. Les commandants de formation s'efforcent de placer leurs pilotes dans les conditions se rapprochant, autant que possible, de la réalité. Il est avantageux, à cet effet, de créer, en particulier pour les manœuvres qui en comportent, des obstacles artificiels légers, ne pouvant, en aucun cas, être une cause d'accident : (fils tendus, haies de ballonnets captifs, etc.).

L'étude sur les voyages a pour but de donner aux pilotes les conseils pratiques dont ils auront à tirer profit pour préparer leurs voyages et les exécuter dans les meilleures conditions.

L'exécution des voyages d'instruction doit faire l'objet, de la part du commandement, d'une progression rationnelle portant sur la distance à parcourir, la longueur des étapes, la nature des régions à survoler, les difficultés d'atterrissage et de départ sur les terrains d'escale.

Le moment du départ pour un voyage n'est jamais laissé à l'initiative d'un pilote. C'est au commandement seul qu'il appartient de juger si les conditions du départ sont satis-

faisantes (état de l'avion et du moteur, état physique et
moral du pilote, conditions atmosphériques).

261. *b.* **Évolutions en groupe.** — La conduite d'un
vol en groupe, qui est la manœuvre la plus difficile parmi
celles prévues dans l'instruction en groupe, doit être com-
mencée par des vols à deux avions (guide et pilote suivant
à droite et à gauche).

Le guide doit marcher à une vitesse telle que les pilotes
puissent, à tout moment, augmenter ou diminuer leur vitesse. Si le guide marche trop vite, les avions qui se trouvent en retard ne peuvent plus rejoindre leur place en
distance et en altitude, et les ailes de la formation s'allongent exagérément. Au contraire, si le guide marche trop
lentement, les avions qui ont trop serré sur la tête n'ont
plus la possibilité de tenir leur place et doivent sortir du
groupe, manœuvre toujours dangereuse quand les avions
n'ont pas tous leur échelonnement en altitude.

B. — DANS LES FORMATIONS DE NUIT.

262. Un pilote n'est réellement confirmé dans la pratique du pilotage des avions, la nuit, qu'à partir du moment où il est capable :

1° De voler par nuit très noire;

2° De partir ou d'atterrir avec ou sans éclairage de bord
ou de piste;

3° De connaître parfaitement le Code international de
navigation aérienne (vols de nuit);

4° D'exécuter les manœuvres de préparation aux missions de guerre;

5° De voler au-dessus de la campagne, de savoir se diriger et, en cas de panne, de choisir un terrain offrant le
plus de garanties possible pour un atterrissage normal.

6° De préparer et d'exécuter un voyage de nuit.

Ces manœuvres constituent le but du perfectionnement
de l'instruction du pilotage de nuit dans les formations.

*Le perfectionnement en vol de nuit ne sera commencé que
lorsque le pilote sera perfectionné dans le pilotage de jour
de son avion d'arme.*

Les pilotes sortant des écoles pratiques de pilotage après
leur instruction sur le pilotage de nuit, doivent, au préalable, effectuer des vols de nuit de contrôle, en double commande dans les formations. Ce contrôle portera sur toutes
les manœuvres prévues dans le programme d'instruction
sur le pilotage de nuit en école. (Art. 254. — Règles particulières au perfectionnement en école des pilotes de bombardement gros porteur.)

Progression de l'instruction.

263. *a.* **Instruction au sol.**

Consignes de piste.
Code international de navigation aérienne (Vols de nuit).

1° Exercices en salle où le terrain et l'éclairage de piste seront schématisés.

2° Départ, atterrissage, panne de moteur, panne de lumière, etc.

3° Les pilotes à instruire assisteront, près de la rampe, et pendant plusieurs séances, au mécanisme de signalisation des départs, atterrissages des avions et cas particuliers.

264. *b.* **Instruction en vol.**

1° *Perfectionnement dans le vol de nuit.*

1° Vol par pleine lune avec temps calme, puis agité.

2° Vol pendant le premier ou dernier quartier de lune avec temps calme, puis agité.

3° Vol par nuit claire, sans lune, par temps calme et par temps agité.

2° *Départ.*

1° Avec rampe éclairée et feux de position.

2° Sans rampe et avec feux de position.

3° Sans rampe et sans feux de position.

3° *Atterrissage.*

1° Dans la rampe éclairée, avec pots et phares.

2° Dans la rampe éclairée, avec pots seulement.

3° Dans la rampe éclairée, avec phares seulement.

4° Sans rampe éclairée, avec pots et phares.

5° Sans rampe éclairée, avec pots seulement.

6° Sans rampe éclairée, sans pots et sans phares.

4° *Exercices pratiques d'application du Code international de navigation aérienne (Vols de nuit).*
Consignes particulières au terrain.

1° Signalisation des départs et atterrissages.

2° Simulacre de cas particuliers qui peuvent se présenter au cours d'un vol de nuit.

a. Avion revenant au terrain par suite de panne de moteur :
   1° Piste libre ;
   2° Piste occupée.

b. Avion revenant au terrain par suite de panne de lumière :
   1° Piste libre ;
   2° Piste occupée.

c. Obstacles se présentant sur la piste :
  — Avions brisés ;
  — Trous de bombes par avions ennemis ;
  — Obstacles divers.

5° *Exécution de manœuvres de préparation aux missions de guerre.*

1° Passage à la verticale du point à bombarder.

2° Vols à faible altitude pour l'observation et la recherche des objectifs.

3° Vols de nuit d'endurance.

6° *Vol sur campagne.*

1° Simulacre d'atterrissage forcé en campagne avec utilisation de la bombe éclairante.

2° Choix du terrain et direction du vent.

7° *Préparation et exécution d'un voyage aérien de nuit.*

a. *Préparation* :

1° Préparation de l'avion, chargement, éclairage de bord, éclairage de position ;

2° Étude de l'itinéraire, points de repère, zones atterrissables.

b. *Exécution* :

1° Tenue de la direction de route.

2° Observation de l'espace.

3° Conduite à tenir si l'on est égaré.

DÉPLACEMENT DE L'AVION BR 19 AU SOL

rapidement aux emplacements désignés au début de la manœuvre par le chef d'équipe.

f. Au commandement : « *En avant* » (ou en arrière), les aides poussent l'avion dans le sens indiqué, et le chef d'équipe donne les indications nécessaires à la manœuvre du chariot.

g. Au commandement : « *Halte pour enlever le chariot* », les hommes précédemment désignés se portent à la queue de l'appareil, le levier est engagé dans son logement, la béquille dégagée de ses attaches; les aides d'extrémités d'ailes placent les cales chacun du côté où il se trouve, les quatre aides saisissent le levier et se tiennent prêts à exécuter la manœuvre.

h. Au commandement : « *Dégagez le chariot* », les quatre aides soulèvent la queue de l'appareil jusqu'à ce que le chariot puisse être dégagé, et la reposent lentement au sol.

B. — MANŒUVRE SANS CHARIOT PORTE-QUEUE.

L'équipe comprend :

Un chef d'équipe et dix hommes.

a. Rassemblement. — Même commandement et même manœuvre qu'au paragraphe *a* ci-dessus, les hommes se comptant de 1 à 5 de la droite à la gauche.

b. Au commandement : « *A vos postes* », les numéros *1* se portent à l'arrière du fuselage, prêts à prendre l'appareil à l'épaule. Les numéros *2* à la gauche du fuselage; les numéros *5* à la droite du fuselage — les numéros *3* et *4* du premier rang de chaque côté du train d'atterrissage (n° 3 à gauche, n° 4 à droite). — Les numéros *3* et *4* du deuxième rang à chaque extrémité d'aile (n° 3 à gauche, n° 4 à droite).

c. Au commandement : « *Attention à l'épaule* », même manœuvre qu'avec le chariot.

d. Au commandement : « *Sur épaules* », les quatre hommes au moyen du levier soulèvent lentement la queue, et les deux hommes désignés pour charger à l'épaule se placent sous la béquille.

Les numéros *2* et *5* du premier rang placent le levier sur leurs épaules et aident à porter la queue de l'appareil.

e. Au commandement : « *Attention vers l'avant* » (ou vers l'arrière), les aides numéros *2* et *5* du deuxième rang se portent à l'endroit désigné (câbles soutien d'ailes).

f. Au commandement : « *En avant* » (ou en arrière), les aides poussent l'avion dans le sens indiqué, le chef d'équipe continuant à diriger la manœuvre en donnant les indications nécessaires.

g. Au commandement : « *Halte pour poser la queue* », les hommes précédemment désignés se portent à la queue de l'appareil. Les aides d'extrémités d'ailes placent les cales chacun du côté où il se trouve.

h. Au commandement : « *Posez la queue* », les deux aides soutenant la béquille à l'épaule se dégagent, tout en aidant les quatre hommes tenant le levier à reposer lentement la queue de l'appareil au sol.

8.

ANNEXE II.

VÉRIFICATION GÉNÉRALE DE L'AVION, DU GROUPE MOTOPROPULSEUR ET DES INSTRUMENTS DE BORD.

Il convient de se conformer, au cours des opérations de vérification, aux indications contenues dans les notices techniques, ou circulaires diverses, relatives à chaque type de matériel.

La vérification générale d'un appareil doit porter sur les points suivants et s'effectuer dans l'ordre ci-après :

Train d'atterrissage.

1° Souplesse et tension des amortisseurs (en faisant balancer légèrement l'avion d'une aile sur l'autre).

2° État général, propreté, gonflement convenable des pneus.

3° État général, propreté des extenseurs ; mise en place de leurs gaines de protection en cuir (le cas échéant).

4° Mise en place et état des câbles de sécurité des extenseurs.

5° État général et fonctionnement des amortisseurs (le cas échéant).

6° Graissage des essieux.

7° Fixation des roues sur les essieux.

8° État général et réglage des rayons des roues ; absence de ronces, herbes, fil de fer, etc., dans ces rayons.

9° État et fixation des toiles de garniture des côtés des roues (le cas échéant).

10° Freinage des roues sur les essieux par goupilles ou écrous d'arrêt appropriés.

11° Fixation des essieux au train d'atterrissage ; liberté de leurs mouvements.

12° État général des montants, jambes de force, etc., du train d'atterrissage (ne doivent être ni faussés, ni fendus) et leur fixation au fuselage.

13° Fixation, tension, freinage, état général des cordes à piano et câbles de croisillonnement du train d'atterrissage.

14° Placement dans leurs trous des boulons à œil des fils de contreventement.

Cellule et cabane.

1° Alignement des ailes, rectitude des mâts.

2° Goupillage des axes des mâts et ferrures des chapes d'attache des câbles de haubanage.

3° Tension normale des haubans, tension égale des haubans jumelés.

4° *Position des haubans fuselés*, leur axe parallèle à l'axe de marche de l'avion (très important).

5° Conformation des œillets des cordes à piano de croisillonnement.

6° Propreté des câbles, cordes à piano, haubans profilés (absence de rouille ou de peinture, en particulier sur les boucles ou parties filetées).

7° Freinage des tendeurs.

8° Prise des filets de tendeurs dans leurs boîtes.

9° État général des ferrures d'attache des câbles de traînée.

10° Fixation des plans au fuselage et à la cabane.

11° État de conservation de la toile, en particulier à la face dorsale des ailes.

12° Absence de tout objet inutile entre les ailerons et les ailes.

13° État général des ailerons.

14° Propreté et graissage des charnières d'ailerons.

15° Rotation normale des ailerons autour de leurs axes.

16° Graissage des poulies de renvoi des commandes d'ailerons.

17° Tension des commandes extérieures d'ailerons.

18° Tension des cordes à piano ou câbles de conjugaison des ailerons.

19° Réglage général de la cellule.

Fuselage et empennage.

1° État général du fuselage (alignement des longerons, le cas échéant).

2° État général et tension des cordes à piano de croisillonnement intérieur du fuselage.

3° Freinage des tendeurs de ces cordes à piano.

4° *Rectitude de la partie extrême du fuselage* (très important).

NOTA. — Pour les avions à fuselage entoilé, un simple coup d'œil décèle un déréglage de cette partie du fuselage, la toile présentant dans ce cas, des plissements à cet endroit; il faut alors régler en conséquence la tension des cordes de croisillonnement intérieur du fuselage.

5° État général de l'empennage et des volets (absence de torsion ou faussage, conservation de l'entoilage).

6° Fixation de l'empennage au fuselage.

5° Blocage et freinage de ces écrous.

6° État général, étanchéité, fixation des radiateurs.

7° État, fixation de la commande de volets de radiateur, fonctionnement de ces derniers.

8° Étanchéité et freinage des bouchons de vidange de radiateur.

9° État du bouchon de remplissage de radiateur (le cas échéant) ou du bouchon de nourrice d'eau (trou ou soupape d'évacuation de vapeur).

10° Fixation du moteur sur son berceau, état général des cales (le cas échéant).

11° Fixation et étanchéité des buses d'aspiration d'air (qui doivent déboucher à l'extérieur du capotage).

12° Freinage des différents éléments de carburateurs.

13° Goupillage et freinage des commandes des carburateurs.

14° État général et étanchéité des carburateurs et des pipes d'admission.

15° État général des bougies.

16° État général des fils de bougies, leur fixation, leur protection, le freinage des attache-fils.

NOTA. — S'assurer d'abord que les contacts sont à la position « coupé ».

17° État général et étanchéité des divers réservoirs et nourrices (essence, huile, eau).

18° État général et étanchéité des diverses canalisations (essence, huile, eau) et de leurs robinets.

19° Quantité et qualité de l'huile contenue dans le carter.

20° État général et fixation des collecteurs d'échappement (le cas échéant).

21° État général et fixation des capotages.

Appareil extincteur.

Les opérations périodiques de vérification et d'entretien de l'appareil extincteur sont indiquées pour chaque type d'appareil en service dans une notice technique correspondante.

ANNEXE III

CONDUITE À TENIR PAR LES PILOTES EN CAS DE PANNE OU D'ACCIDENT

A — CONDUITE À TENIR PAR LES PILOTES EN VOL EN CAS DE PANNE OU D'ACCIDENT

[illegible] plusieurs [illegible] en [illegible] en [illegible] panne ou qu'il est victime d'un accident, deux cas peuvent se produire : [illegible]

[illegible]

1er cas — Atterrissage sans incident ou avec dégâts matériels [illegible]

[illegible] novembre 19[illegible] (Bulletin officiel, vol. II).

[illegible] réparation [illegible]

[illegible]

RÈGLEMENT DES DÉGÂTS
CAUSÉS AUX PROPRIÉTÉS PARTICULIÈRES

Il s'efforce d'obtenir aussitôt des témoins une confirmation écrite de leur témoignage.

Il adresse aussitôt à son chef de corps un rapport spécial sur l'accident et joint à ce rapport tous documents qu'il aura pu réunir.

Il fait toutes déclarations utiles à la gendarmerie.

D. — GARDE D'UN APPAREIL
ATTERRISSANT EN DEHORS D'UN AÉRODROME (1).

—

1° L'aviateur atterrit à proximité d'une ville de garnison.

Le pilote demande au commandant d'armes les hommes nécessaires pour assurer la garde de l'appareil.

**2° L'aviateur atterrit loin d'une ville de garnison
et à proximité d'une brigade de gendarmerie.**

Le pilote s'adresse au chef de brigade qui assurera la garde de l'appareil, s'il le peut, au moyen de son propre personnel.

Si le chef de brigade estime son personnel insuffisant, il procure au pilote des hommes de confiance volontaires, deux au maximum, qui se chargeront de garder l'appareil moyennant une rétribution qui sera fixée en tenant compte des circonstances locales, de la saison, etc., et qui ne pourra excéder 15 francs par homme et par douze heures de garde.

Cette rétribution est payée directement par le chef de l'équipe de dépannage ou par le pilote si celui-ci reprend l'air par ses propres moyens.

Dans ce cas, le pilote se fait délivrer un reçu contresigné par le chef de la brigade de gendarmerie ou son remplaçant.

**3° L'aviateur atterrit loin d'une ville de garnison
et loin d'une brigade de gendarmerie.**

Le pilote s'adresse au maire ou au garde champêtre en les priant de bien vouloir lui procurer les hommes de confiance, dans les conditions prévues au paragraphe 2° ci-dessus.

Nota. — Le pilote est toujours en droit de demander aux gendarmes de leur remettre un document constatant la date, l'heure et le lieu de son atterrissage.

Nota. — Quand, *par exception*, un pilote se trouve dans l'impossibilité de payer séance tenante les frais de garde de son appareil, il remet aux ayants droit un bon pour la somme à payer dont il indique le détail. Dès son retour au corps, il en adresse un double à son chef de corps.

---

(1) Circulaire 5823-4.O/12 du 2 août 1920 (*Bulletin officiel*, volume 11).

comme aux lois, aux consignes relatives
[...] sont réglementés sans incident [...]
[...] ou ils se conforment exactement aux consignes
[...] et aux autres consignes particulières établies pour
[...] qui sont remises aux navigateurs par le groupe ou du bou-
[...] de l'aérodrome
Il avise personnellement de son départ le chef de
l'aérodrome.

II. — AÉRONEFS EN DROIT DE SÉJOUR [...]

S'il lui est interdit de voyager comme [...] est interdit
[...]
[...] militaires, un aviateur [...] de voyage qui
[...] de l'intérieur doit [...] moyens que les
[...] de la mesure inférieure [...] il prévienne
[...] ou bien il la consul français le plus proche de son
itinéraire pour une escale et pour se mettre d'accord avec

ANNEXE III *bis*.

CONDUITE A TENIR EN CAS DE PANNE
PAR L'ÉQUIPAGE D'UN HYDRAVION.

Si une panne contraint l'hydravion à amerrir, il convient tout d'abord, si l'altitude le permet, d'utiliser la T. S. F. pour prévenir de la panne. Après l'amerrissage essayer de réparer l'avarie et de repartir, si les circonstances le permettent.

— Sinon, si l'on peut hydroplaner avec un peu de moteur, essayer de rallier suivant les cas un bâtiment, un endroit favorable sur la côte ou une région fréquentée par les bateaux.

— Utiliser en même temps les moyens de signalisation réglementaires pour demander du secours (fusées, T. S. F., pigeons, en indiquant l'heure, sa position de façon la plus précise possible et la route suivie). Refroidir le radiateur au moyen de chiffons trempés dans l'eau de mer.

— Si la panne de moteur est complète, chercher :

1° A assurer la sécurité de son appareil en évitant qu'il ne couche ou chavire ou ne soit démoli par la mer ;

2° A déterminer sa position et sa dérive et à les modifier dans le sens voulu pour se rapprocher d'une région favorable.

Rôle des sectionnaires.

Lorsqu'un des avions d'une patrouille est obligé d'amerrir, les sectionnaires doivent lui apporter assistance dans la mesure de leurs moyens.

Un sectionnaire n'amerrit que si l'équipage de l'hydravion en panne se trouve en péril immédiat. Il ne faut pas oublier que l'état de la mer est toujours plus mauvais qu'il paraît être, vu d'une certaine altitude et que le décollage ne sera pas toujours possible, contrairement à ce que l'on aurait pu croire.

Le rôle de sectionnaire consiste à aller chercher du secours. Cependant, en temps de guerre, si des nécessités militaires impérieuses l'exigeaient, ils accompliraient leur mission avant de diriger du secours sur l'avion en panne.

TENUE A LA MER D'UN HYDRAVION.

Position d'équilibre.

La position d'équilibre de la plupart des hydravions dérivant moteurs stoppés, est le vent debout. C'est également la position la plus favorable à la résistance de l'appareil.

Une ancre flottante prise par l'avant facilite la tenue de cette position d'équilibre vent debout, et peut permettre de faire dériver dans de bonnes conditions un hydravion dont la position d'équilibre, sans ancre flottante, serait différente du vent debout.

Le pilote peut au contraire, par mer plate, en conjuguant l'action des ailerons et du gouvernail, tenir à un cap différant de 30° du lit du vent un hydravion dont la position d'équilibre, toutes commandes au milieu, serait le vent debout.

Dans ces conditions, l'hydravion peut dériver à un quart environ du lit du vent.

Vitesse de dérive.

La vitesse de dérive d'un hydravion est, dans des conditions moyennes, le quart environ de la vitesse du vent, un peu moins avec ancre flottante, un peu plus sans ancre flottante.

On peut dire encore que la vitesse de dérive d'un hydravion est exprimée en nœuds par le même nombre que la force du vent à l'échelle Beaufort.

Tenue à la mer.

Le principal danger à éviter est le chavirement de l'hydravion.

Le chavirement d'un hydravion à coque sera généralement causé par la perte d'un ballonnet de bout d'aile ou la rupture de la liaison du ballonnet à la coque (rupture d'un longeron d'aile inférieure) accidents qui se produisent généralement par engagement de l'aile sous le vent au cours d'une embardée.

L'équipage d'un hydravion en dérive devra donc mouiller l'ancre flottante et l'amarrer assez court dès que la mer fait embarder l'appareil et désentoiler les plans inférieurs avant que la mer ne risque d'engager une aile.

De plus, on améliorera la tenue à la mer de l'hydravion en obturant le mieux possible les ouvertures de la coque et en allégeant l'avant.

Enfin, le filage de l'huile peut donner à l'appareil en dérive un certain abri dans une mer déferlante et, de plus peut, en certaines circonstances, faciliter par la traînée d'huile que laisse l'appareil, la recherche par aéronefs.

Le filage de l'huile se fait en mettant à la traîne un sac enfermant des chiffons ou de l'étoupe imbibés.

Si toutes ces précautions ont été bien prises, un hydravion peut tenir très longtemps des mers très dures.

PRISE DE REMORQUAGE D'UN HYDRAVION EN DÉRIVE
PAR UN BÂTIMENT,

Opportunité de la prise de remorque.

De jour, il peut y avoir intérêt à ce que le bâtiment sauveteur ne tente pas de prendre l'hydravion en remorque dès qu'il l'a trouvé, mais se contente de le suivre, en attendant

Passage de la planche

Pour le passage de la remorque par le bateau... eur si la même (en général), les procédés suivants peuvent être employés [...]

Point à atteindre.

Étant donné les aléas d'un remorquage en haute mer, le bâtiment remorqueur devra toujours chercher si les circonstances le permettent, à conduire l'hydravion en panne à l'abri le plus proche pour lui permettre soit de se réparer et de repartir par ses propres moyens, soit d'attendre une embellie permettant de poursuivre le remorquage dans de meilleures conditions, soit de sauver une partie du matériel.

Signaux conventionnels.

REMORQUEUR.		HYDRAVIONS.	
Fusée blanche. Coston blanc. Projecteur.	« Nous sommes là ».	Fusée blanche. Lampe T. O. En général feu ou signe blanc.	Même signification que pour le remorqueur.
Fusée verte. Coston vert.	« Je vais opérer le sauvetage ».	Fusée verte. Lampe T. O. Feu vert (bonnette verte).	1° Sans signal préalable du remorqueur : « Avons-besoin de secours immédiat. » 2° Après signal vert du remorqueur : « Aperçu. Vous pouvez commencer. »

Observations. — Le nombre de fusées dont peut disposer un hydravion est très limité (une demi-douzaine environ).

Sauvetage d'un avion terrestre.

Un avion terrestre qui amerrit doit être considéré en danger de couler en quelques minutes. Il dérive peu.

Le bâtiment sauveteur doit amener le plus vite possible une embarcation au contact de l'appareil pour sauver le personnel et les documents secrets, puis, si possible le matériel mobile.

Ensuite, s'il réussit à amener l'épave sous un bossoir ou une grue, il s'efforce de sauver le moteur en élinguant l'avion par le moyeu d'hélice.

Sauvetage d'un hydravion avarié.

Voir sauvetage d'un avion terrestre.

Sauvetage d'un avion marin.

Par beau temps, un avion marin, après sauvetage du personnel, des documents secrets et du matériel mobile précieux peut être remorqué à faible vitesse par une embarcation et

6.

ANNEXE IV.

STATISTIQUE DES CAUSES D'ACCIDENTS.

De l'examen du tableau ci-contre, il ressort que, sur *un total de 530 accidents* :

59 ont été causés par une *imprudence* suivie ou non d'une faute de pilotage, soit 11.13 p. 100;

205 ont été déterminés par une *faute de pilotage*, soit 38,67 p. 100;

62 ont été occasionnés par une *faute de pilotage* consécutive à une *panne de moteur*, soit 11.7 p. 100. Plus des 2/3 de ces accidents se sont produits au cours de *tentatives de retour au terrain après panne au départ*;

61 ont suivi une *panne de moteur*, soit 11.50 p. 100;

36 sont imputables au *matériel*, défectuosités, défaut d'entretien, non-inspection au départ, soit 6.78 p. 100;

11 ont eu lieu par *circonstances atmosphériques défavorables*, soit 2 p. 100. Presque tous ces accidents ont eu pour cause profonde une inobservation des règles concernant la couverture météorologique.

Il saute aux yeux que beaucoup de ces accidents auraient pu être évités.

Imprudence du pilote, 59 : totalité, 59;

Faute de pilotage, 205 : moitié, 100;

Faute de pilotage, 62; moitié, 31;

Circonstances atmosphériques, 11 : deux tiers, 7,

au total 195, soit plus de 35 p. 100.

L'exécution stricte, même loin de toute surveillance, des règles de pilotage et de circulation édictées dans le présent manuel, en un mot, l'observation rigoureuse de la *discipline aérienne* permettra de supprimer radicalement toute une catégorie d'accidents qui n'a que trop creusé des vides dans les rangs de l'aviation militaire.

EXEMPLES TYPIQUES D'ACCIDENS ÉVITABLES.

I.

Accident survenu le 25 février 1925 au caporal pilote B.

Le moteur essayé sur cales donne satisfaction. Le pilote décolle et vire presque aussitôt à gauche. L'avion glisse et amorce un demi-tour de vrille avant de s'écraser au sol. Le pilote a le temps de couper les contacts.

RÉPARTITION DES CAUSES D'ACCIDENTS DU 1ᵉʳ JANVIER 1920 AU 31 DÉCEMBRE 1926.

ANNÉES.	ACCIDENTS IMPUTABLES AU PILOTE.			ACCIDENTS IMPUTABLES AU MATÉRIEL.			ACCIDENTS IMPUTABLES à des causes diverses.			ACCIDENTS DONT LA CAUSE n'a pu être déterminé.	TOTAL DES ACCIDENTS.	PERTES CORRESPONDANTES.		
	Faute de pilotage.	Faute de pilotage après imprudence.	Imprudences Désobéissance.	Panne de moteur. Simple.	Panne de moteur. Suivie d'une faute de pilotage.	Autre que le moteur.	Circonstances atmosphériques.	Terrain.	Divers.			Tués.	Blessés.	Total.
1920	19	1	»	2	3	»	»	»	2	12	39	58	»	58
1921	39	16	»	12	7	5	»	»	8	5	92	77	71	148
1922	29	5	»	8	17	5	»	»	14	7	85	67	50	117
1923	41	4	3	12	6	7	2	2	2	3	82	66	58	124
1924	22	5	11	10	11	1	1	2	7	10	80	53	31	84
1925	29	8	»	6	11	8	3	»	5	8	78	39	38	77
1926	26	4	2	11	7	10	5	1	»	8	74	41	35	76
TOTAL pour les 6 années.	205	43	16	61	62	36	11	5	35	53	530	401	283	684

N. B. — Les accidents n'ayant entraîné aucune blessure au personnel n'ont pas été portées sur le tableau ci-dessus.

Cause de l'accident : *imprudence du pilote* qui, au lieu de partir droit devant lui, vire avant d'avoir atteint l'altitude de sécurité.

Remède : partir droit devant soi jusqu'à l'altitude de sécurité.

II.

Accident survenu le 14 septembre 1926 au capitaine C.

Le moteur essayé sur cales ne fonctionne pas normalement. Le pilote prend quand même le départ (*première imprudence*). L'avion monte péniblement. S'en rendant compte, le pilote, qui se trouvait alors entre 50 et 100 mètres d'altitude, essaie de regagner le terrain (*deuxième imprudence*) en effectuant un virage à gauche, à *plat*. L'avion fait une abatée et tombe à la verticale. Il prend feu instantanément au contact du sol.

Remède : ne jamais partir avec un moteur défaillant.

Si le moteur baisse de régime, atterrir droit devant soi.

III.

Accident survenu le 29 septembre 1926 au soldat pilote de G.

Au retour d'une mission, le pilote descend en piqué assez prononcé de 600 à 50 mètres puis il effectue un virage à gauche à 30 mètres d'altitude plein moteur, se rapproche du sol et franchit à plusieurs reprises des clôtures d'arbres en bordure des champs. En passant vent debout à vent arrière au cours d'un dernier virage, l'appareil glisse et rentre dans le sol où il prend feu aussitôt.

Causes de l'accident : désobéissance du pilote qui n'a pas rejoint son terrain aussitôt sa mission terminée.

Imprudence du pilote qui exécute à basse altitude des manœuvres interdites près du sol.

Remède : n'exécuter aucune manœuvre au-dessous de l'altitude de sécurité.

ANNEXE V.

I.

INFLUENCE DES EFFETS DU VOL
SUR L'ORGANISME HUMAIN.

L'organisme humain subit en avion des conditions de fonctionnement exceptionnelles. Cela, par l'intervention non seulement de facteurs communs à divers sports (température, ventilation, travail musculaire, tension nerveuse), mais encore de facteurs spéciaux à l'aéronautique (variations brusques de pression barométrique, action de vitesses considérables, bruits, conditions spéciales de fonctionnement du sens de l'équilibre).

L'influence de ces divers éléments est de nature à déterminer chez l'aviateur l'apparition immédiate ou tardive d'une série de troubles.

Des troubles immédiats sont les accidents observés depuis longtemps en ballon et en montagne et qui sont essentiellement liés à la diminution de la pression barométrique. Ces troubles sont modifiés et parfois aggravés par le froid et la ventilation brutale, par la fatigue nerveuse, par la brusquerie des dénivellations.

Ils sont, dans leur ensemble, caractérisés par l'essoufflement, l'accélération et l'irrégularité des mouvements du cœur qui donnent lieu à des palpitations pénibles, par de la congestion de la face et des muqueuses, par des nausées et des vomissements, par des troubles nerveux, douleurs de tête, fatigue intense, torpeur, et même syncope dans certains cas.

Quelle est la cause déterminante et quel est le mécanisme de production de ces accidents? A laquelle des influences anormales subies faut-il en imputer l'apparition?

Le mal des altitudes, le mal des aérostiers, comme les troubles ressentis par les aviateurs, sont essentiellement une résultante d'actions multiples. Le mécanisme de leur production apparaîtra à l'examen des effets produits sur les grands appareils de l'organisme des facteurs en cause.

La fonction respiratoire subit l'influence de la diminution de pression barométrique, qu'accompagne une diminution parallèle de la tension particlle de l'oxygène de l'air.

Au sol, nos poumons absorbent, par minute, la quantité d'oxygène qui correspond aux besoins de notre organisme; ils y parviennent sans difficulté parce que l'absorption d'oxygène s'opère avec une vitesse suffisante, cette vitesse étant précisément proportionnelle à l'excès de la tension de l'oxygène de l'air sur la tension de l'oxygène du sang pulmonaire.

...reprochez à l'aviateur [...] la résistance physique du sujet et l'intérêt du service aérien, sont constitués par un groupe d'accidents pathologiques chroniques, désignés sous le titre « cas
limite des aviateurs » ou de *mal des aviateurs*. Ils ne repré-
sentent pas une maladie spéciale et nouvelle, mais sont précisément l'expression du surmenage prolongé des différentes
fonctions organiques que nous venons d'examiner.

[...] un appareil respiratoire [...]

[...] une perméabilité suffisante de [...]
[...] moyenne et une oreille interne saine.

PROCÉDÉS DE DÉFENSE ET DE PROTECTION
CONTRE LES INFLUENCES NOCIVES
ATMOSPHÉRIQUES [...]

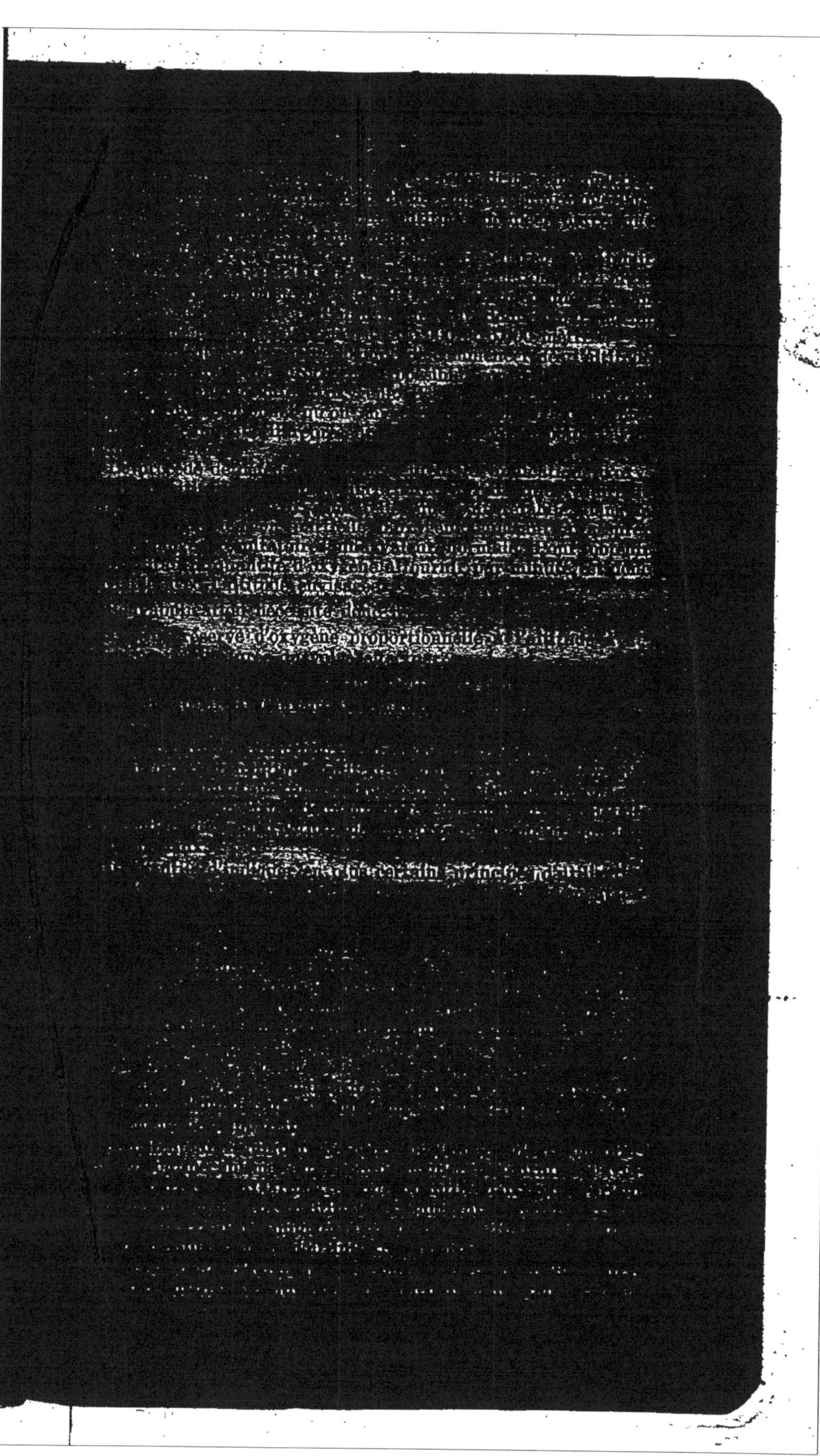

Les lunettes réglementaires sont, à cet égard, excellentes. Elles ne gênent pas la vision, protègent très bien, ne se couvrent pas de buée, sont très peu vulnérantes en cas d'accident.

Seules, sont à déconseiller si on n'en a pas une grande habitude, celles qui comportent des verres teintés qui risquent de fausser l'appréciation des distances et peuvent, de ce fait, être dangereuses à l'atterrissage.

Grâce aux mesures de protection décrites ci-dessus, l'organisme humain peut, tant qu'il demeure sain et vigoureux, s'adapter à la vie en altitude.